# 欧盟生物杀灭剂法规应对指南

浙江省标准化研究院 编著

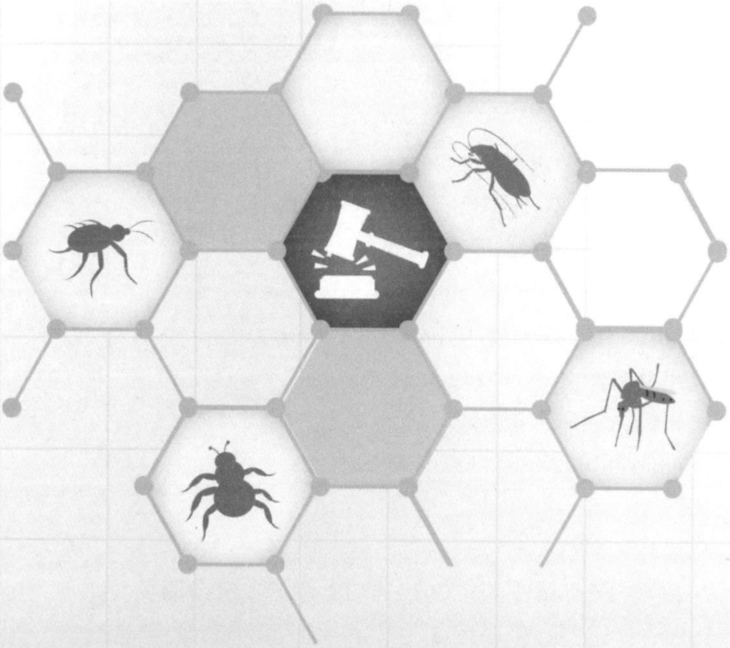

浙江工商大学出版社
ZHEJIANG GONGSHANG UNIVERSITY PRESS

**图书在版编目(CIP)数据**

欧盟生物杀灭剂法规应对指南 / 浙江省标准化研究院编著. —杭州 ：浙江工商大学出版社，2016.12

ISBN 978-7-5178-1942-4

Ⅰ. ①欧… Ⅱ. ①浙… Ⅲ. ①欧洲国家联盟—杀菌剂—化工产品—管理—法规—指南 Ⅳ. ①D950.21—62

中国版本图书馆 CIP 数据核字(2016)第 301274 号

**欧盟生物杀灭剂法规应对指南**

浙江省标准化研究院 编著

**责任编辑** 王黎明
**封面设计** 林朦朦
**责任印制** 包建辉
**出版发行** 浙江工商大学出版社
(杭州市教工路 198 号 邮政编码 310012)
(E-mail:zjgsupress@163.com)
(网址:http://www.zjgsupress.com)
电话:0571-88904970,88831806(传真)
**排 版** 杭州朝曦图文设计有限公司
**印 刷** 杭州恒力通印务有限公司
**开 本** 787mm×1092mm 1/16
**印 张** 10.5
**字 数** 185 千
**版 印 次** 2016 年 12 月第 1 版 2016 年 12 月第 1 次印刷
**书 号** ISBN 978-7-5178-1942-4
**定 价** 39.00 元

## 协作单位

杭州华测瑞欧科技有限公司

温州市标准化研究院

绍兴市标准化研究院

# 前　言

今天，化学品及化学物质已成为人们日常及经济活动中的必需品，贯穿于衣食住行的各个方面。然而，化学品及化学物质在丰富了人类生活的同时，也为人类生存带来了很大的风险，尤其是一些有毒有害物质引起的水污染、土壤污染和空气污染，如果不能得到有效治理，将会严重破坏人类生存环境。因此，化学品引起的公共健康和生态环境问题促使各国政府采取措施，对现有以及新的化学品和化学物质进行有效管理。比如联合国推行的《全球化学品统一分类和标签制度》(GHS)、美国实行的《有毒物质控制条例》(TSCA)、欧盟实行的《化学品的注册、评估、授权和限制法规》(以下简称 REACH 法规)和我国实行的新化学物质登记制度等，为减少化学品和化学物质的危害提供了有益的管理方法和思路。

欧盟历来重视化学品技术法规与标准体系的建设，为实现其管理的有效性，提升执法力度，欧盟于 20 世纪末便计划改变原有的以执法部门主动监管为基本特征的化学品管理模式，转而要求产业界承担化学品管理的成本。化学品相关权责人被要求向欧盟委员会递交化学品毒理性、暴露与释放等指标检测数据，再由欧盟委员会进行审核以确认是否批准相关产品进入市场。2007 年颁布实施的 REACH 法规即为典范，遵循同样的管理思维，2013 年欧盟委员会将 2000 年开始实施的生物杀灭剂指令(BPD 指令)上升为生物杀灭剂法规(BPR 法规)。

该法规的适用范围不但包括原生物杀灭剂指令中具有生物杀灭用途的有效成分(活性物质)和生物杀灭剂制品本身，还增加了经生物杀灭剂处理的物品。

该法规要求生物杀灭剂产品投放欧盟市场前须满足：该产品含有的具有生物杀灭效果的活性物质经欧盟评估，被批准确认为无毒或低毒物质；该产品的出口商或生产商事先提交产品实验数据，并取得欧盟或其成员国的授权。

该法规要求经生物杀灭剂处理的物品投放欧盟市场前须满足：该物品所使用的生

物杀灭剂中所含活性物质已取得欧盟批准；该物品的表面或外包装应加贴标签，告知消费者在生产和储藏等环节所使用的生物杀灭剂类型、处理方法等信息。

欧盟委员会对生物杀灭剂法规项下的活性物质、杀灭剂制品、处理物品等进行授权的前提之一即是评估产业界提交的实验数据，奉行“无数据则无市场”的原则，近似于将化学品管理的所有责任与成本交由产业界承担。

生物杀灭剂法规管辖范围极广，除生物杀灭活性物质、生物杀灭剂产品外，还监管使用过生物杀灭剂的各类产品，包括纺织品、服装、鞋类、皮革、塑料、橡胶、玩具、家具、涂料等我国的主要出口产品类别。据浙江省质量技术监督局发布的技术性贸易措施红色预警所示，仅浙江省 2013 年对欧盟出口的上述产品的出口总额已达 200 亿美元。我国企业长期以来对出口产品所含化学物质的管理较为混乱，出于保持产品质量、降低含菌量的目的，我国企业对于消杀剂、防腐剂等生物杀灭产品的使用频率高、剂量大，这一现状极易导致我国产品对欧出口因不符合 BPR 法规而遭到处罚，对出口产业将造成严重损害。

本书编写组通过对实际工作进行总结，力求以翔实的讲解和丰富的案例为企业出口欧盟市场提供帮助，以期为我国打开外贸进出口新局面贡献绵薄之力。

本书的出版得益于浙江省质量技术监督局科技项目“欧盟生物杀灭剂市场准入关健技术研究”(20140117)、国家质检总局科技项目“欧盟纤维防腐剂绿色壁垒应对技术研究”(2015QK073)的资金支持以及浙江省哲学社会科学重点研究基地产业发展政策研究中心的资金支持！

编　者

2016 年 10 月 10 日

# 目　录

1

# 欧盟生物杀灭剂法规概况

## 1.1 法规历史进程

欧盟生物杀灭剂法规，英文名称为 Biocidal Product Regulation[Regulation (EU) 528/2012]，简称 BPR 法规。BPR 已经于 2013 年 9 月 1 日正式实施，取代了自 2000 年开始实施的生物杀灭剂指令[Biocidal Product Directive (Directive 98/8/EC), BPD]。BPR 旨在欧盟水平上统一生物杀灭剂市场的运作和管理，确保对人类健康和环境不会造成危害。

欧盟生物杀灭剂立法历经十多年，进展缓慢，BPR 的实施显现了欧盟推进生物杀灭剂市场监管的决心。BPR 总结了 BPD 实施过程中的经验和教训，在很多方面做出了重大突破，尽管目前仍存在不完善之处，但欧盟各界均认为 BPR 必将是一个成功的法规。可见，BPR 极有可能成为继 REACH 法规后欧盟又一轮对化学品影响广泛的法规。

从 BPD 到 BPR，经历了漫长的过程：

(1)1998 年 5 月 14 日：98/8/EC，由于欧洲生物杀灭剂是由各成员国主管机构分别管理，因此 1998 年 5 月 14 日 BPD 生效后并未正式实施。根据 BPD 第 34 条的规定：各成员国在 BPD 生效后 2 年之内颁布法规实施 BPD。因此，BPD 在 2000 年 5 月 14 日全面实施。BPD 第 16 条规定：BPD 实施之后的过渡时期将针对 BPD 实施之前已经存在于欧盟市场的活性物质(即现有活性物质)开展“10 年一评估计划”。

(2)2000 年 9 月 28 日：1896/2000/EC，启动“10 年—评估计划”第一阶段，即进行现有活性物质的鉴别或通报。鉴别或通报要说明支持的产品类型；截止期限为 2002 年 3 月 28 日；截止期限前未提交鉴别或通报的物质视为已退出欧盟市场。提交鉴别的物质给予 3 年以内的过渡期；提交通报的物质将列入“10 年一评估计划”，在评估完成前可继续在欧盟市场使用。

(3)2002 年 12 月 6 日：1687/2002/EC，公布了 2002 年 3 月 28 日之前提交鉴别或通报的现有物质清单。允许已鉴别但未通报的物质提交通报，允许已通报但仅支持几种产品类型的物质，提交其他产品类型的通报。截止期限为 2003 年 1 月 31 日。

(4)2003 年 12 月 16 日：2032/2003/EC，正式公布已鉴别和已通报的现有活性物质清单。仅提交鉴别的物质将在 2006 年 9 月 1 日之前被淘汰。全面启动“评估计划”第二阶段：对提交通报的现有活性物质进行评估。制定评估优先顺序，共四批。发布列入第一批和第二批评估计划的物质清单，并将评估任务分配给各成员国。规定通报人提交详细通报卷宗时间：第一批在2004年3月28日之前，第二批在2005年11月1日至2006年4月30日。

(5)2005年7月29日：1048/2005/EC，修订2032/2003/EC。发布列入第三批和第四批评估计划的物质清单，并将评估任务分配给各成员国。规定通报人提交详细通报卷宗的时间：第三批在2007年2月1日至2007年7月31日，第四批在2008年5月1日至2008年10月31日。规定对于在2006年9月1日之前将被淘汰的物质，企业可进行申诉，申请延长淘汰时间，但必须在2006年3月1日前提交通报。

(6)2007年1月4日：1849/2006/EC，修订2032/2003/EC。修订了列入“评估计划”的现有活性物质清单。将未在截止期限前提交详细通报卷宗的物质删除，并规定在12个月内退出市场。

(7)2007年12月24日：1451/2007/EC，废除2032/2003/EC。将之前的附录合并为两个：附录I是现有活性物质清单，附录II是列入“评估计划”的现有活性物质清单。至此，存在于欧盟市场的现有活性物质仅有两种情况：要么已通报正在评估过程中，要么已经评估完成，列入BPD附录I或附录IA。

(8)2008年，欧盟委员会提出了修订BPD的提议，并于2009年提出了BPD修订议案，升级为法规，简称为BPR(Biocidal Product Regulation)。

(9)2009年10月26日：2009/107/EC，修订98/8/EC。将“10年—评估计划”延长至2014年5月14日。

(10)2012年5月22日：BPR通过。

(11)2012年7月17日：BPR生效。

(12)2013年9月1日：BPR正式实施。

BPR是对BPD的继承和发展。从指令过渡到法规的过程中，其内容的改变大致可以归结为以下几部分(见表1.1)：

**表 1.1　BPD 与 BPR 的比较**

| | | |
|---|---|---|
| 法规名称 | 生物杀灭剂指令<br>Biocidal Product Directive (98/8/EC)<br>简称 BPD | 生物杀灭剂法规<br>Biocidal Product Regulation (Regulation 528/2012)<br>简称 BPR |
| 生效和实施时间 | 1998.5.14 生效<br>2000.5.14 实施<br>2013.9.1 失效 | 2012.7.17 生效<br>2013.9.1 实施 |
| 主管机构 | 欧盟委员会<br>欧盟各成员国主管当局 | 欧盟委员会<br>ECHA<br>欧盟各成员国主管当局 |
| 法规管辖范围 | 生物杀灭剂活性物质<br>生物杀灭剂产品 | 生物杀灭剂活性物质<br>生物杀灭剂产品<br>生物杀灭剂处理物品 |
| IT 工具 | 邮寄<br>提交纸质卷宗 | IUCLID<br>R4BP (Register for Biocidal Products) |
| 收费体系 | 不统一 | 颁布收费法案<br>统一收费体系 |
| 数据共享 | 不强制 | 脊椎动物数据强制共享<br>其他数据也可以共享 |
| 授权形式 | 成员国授权<br>授权互认 | 成员国授权<br>统一授权<br>授权互认(平行)<br>授权互认(顺序) |

## 1.2　法规监管对象

相较于 BPD，BPR 一个较大的更新就是监管的对象在传统的活性物质和生物杀灭剂产品基础上添加了生物杀灭剂处理物品(生物杀灭剂处理物品指的是任何有意添加生物杀灭剂，或使用生物杀灭剂处理过的物质、混合物、物品)，例如添加了防腐剂成分的纺织品、染料、涂料，具有抗菌、防螨功效的家居卫浴用品等。生物杀灭剂处理物品纳入 BPR 的监管对很多非欧盟的企业产生了巨大的影响。

## 1.3 需要应对 BPR 的企业

### 1.3.1 申请人

首先，申请人必须在欧盟境内有一个常驻办事处；其次，申请人必须是该生物杀灭剂产品首次投放欧盟某一成员国市场的责任人，或者是该责任人的代表人。

因此，欧盟生物杀灭剂产品生产商、欧盟生物杀灭剂产品进口商和非欧盟生物杀灭剂产品生产商（委托欧盟境内设有常驻办事处的机构作为代理）都有可能成为申请人。

### 1.3.2 需要应对 BPR 的企业

表 1.2 需要应对 BPR 的企业及应对措施

| 企业类型 | 在 BPR 下的责任和义务 | 应对措施 |
|---|---|---|
| 活性物质出口企业 | 需要按照 BPR 第 95 条要求列入活性物质供应商名单；<br>同时需要提供活性物质数据使用权给下游生物杀灭剂生产企业，用于应对 BPR 第 17 条产品授权申请。 | 活性物质相同性评估；<br>数据获取；<br>卷宗制作和提交。 |
| 生物杀灭剂产品出口企业 | 需要确保活性物质供应商（自己或其他厂家）列入了供应商名单，在此基础上按照 BPR 第 17 条要求申请产品授权，获得授权号。 | 数据缺口分析；<br>相同产品分析；<br>缺口数据获取；<br>风险评估报告；<br>卷宗制作和提交。 |
| 生物杀灭剂处理物品出口企业 | 需要确保产品中不含违禁物质，同时需要按照 BPR 第 58 条制作符合要求的标签。 | 物品界定；<br>物品标签；<br>应消费者要求，提供生物杀灭剂处理物品的生物杀灭剂处理信息；<br>物品其他合规要求。 |

## 1.4 BPR 主管机构及监管体系

BPD 时期，欧盟委员会和欧盟各成员国主管当局共同监管；BPR 实施后，引入了

REACH 法规主管机构 ECHA(European Chemical Agency,欧洲化学品管理署)作为主管机构。

众所周知,ECHA 是欧盟 REACH 法规主管机构。自 2006 年以来,ECHA 对 REACH 法规的实施做出了突出贡献。REACH 法规下为大家所熟知的重要工具和概念包括 IUCLID 卷宗、REACH－IT 平台、SIEF、数据共享、联合提交、注册截止日期、SME、行政费等。很多工具和概念在 BPR 中同样适用。

目前已经过了 REACH 注册的第二个截止日期(2013 年 5 月 31 日),ECHA 有 5 年的时间充分准备下一个截止日期(2018 年)的应对措施。恰在此时,欧洲加速推进 BPR 的实施。

综合众多因素,欧盟委员会选择了 ECHA 承担 BPR 的实施任务,作为整个监管体系中的核心角色。BPR 的监管体系如图 1.1 所示:

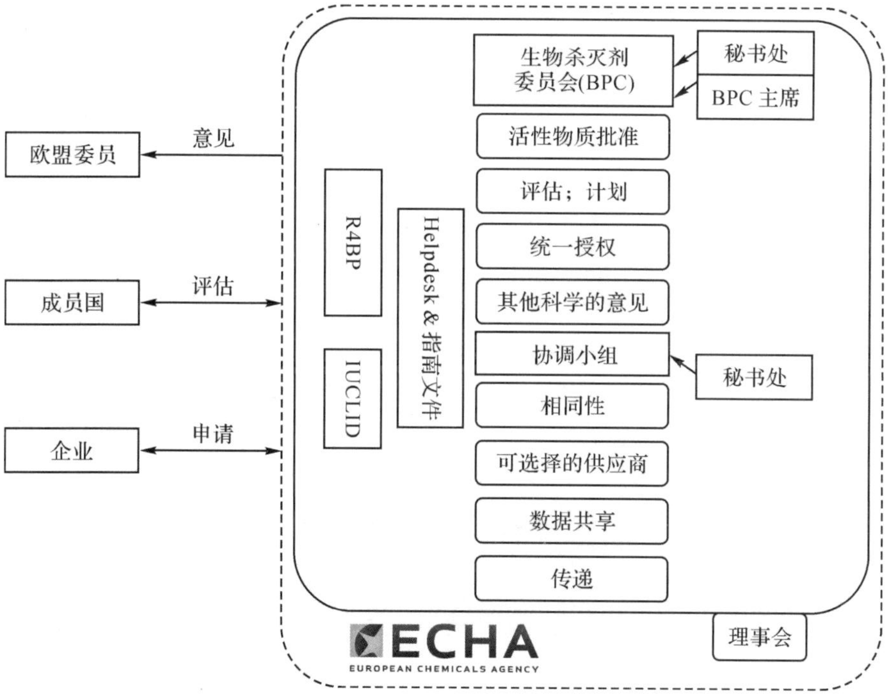


图 1.1 BPR 的监管体系

## 1.4.1 ECHA 介入 BPR 监管的过程

ECHA 最早出现在 BPR 中,是在 2009 年 BPD 修订为 BPR 的意见稿中。意见稿

第十三章专门介绍了 ECHA 的角色、权利和任务。首先，ECHA 在活性物质批准、生物杀灭剂产品授权、授权互认、统一授权等方面都参与其中。另外，规定了 ECHA 需要成立生物杀灭剂委员会(BPC, Biocidal Product Committee)、制定 BPR 指南文件、开发 IT 工具、制定预算等。该意见稿已基本指明了 ECHA 将要在 BPR 下承担的任务。

2012 年 6 月 21 日，ECHA 发布了"2013—2015 工作计划"，其中列出了生物杀灭剂的工作计划，进一步明确了 ECHA 在 BPR 下的工作任务。主要包括两点：

(1)建立 ECHA 承担 BPR 下新任务的能力，着手准备 BPR 实施；

(2)确保 ECHA 在 BPR 下新任务的高效开展，并结合 ECHA 现有组织架构建立高效的流程。

具体内容包括：

(1)ECHA 将在 2013 年 9 月从欧盟委员会接管活性物质批准的管理工作；

(2)ECHA 将负责生物杀灭剂产品的统一授权，统一授权将按照产品类型分批开展；

(3)ECHA 将在生物杀灭剂产品授权互认中，承担成员国主管机构协调小组的秘书工作；

(4)ECHA 将在强制数据共享(脊椎动物数据)当中，具有一定的裁决权；

(5)ECHA 将负责发布活性物质供应商名单。

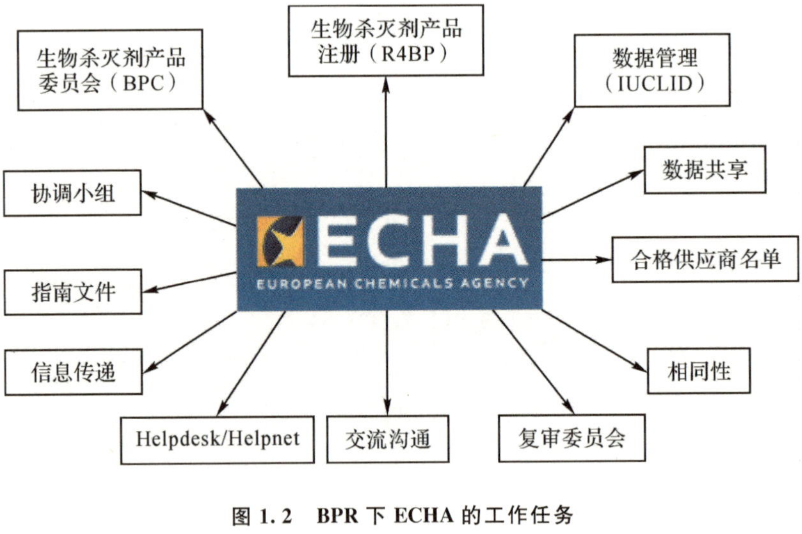


图 1.2 BPR 下 ECHA 的工作任务

### 1.4.2 ECHA为BPR实施所做的工作

2012年7月17日,BPR生效。ECHA获得了相应的财政支持和岗位名额,随后ECHA开始扩充队伍,招聘人员准备BPR实施,包括IT工具开发、指南文件准备、流程建立等。这些都将借鉴整合REACH和CLP法规下的现有资源。

随后,ECHA做了一系列的BPR实施准备工作:

(1)发布了BPR网站;

(2)欧盟生物杀灭剂委员会成立,分别在2013年3月和5月召开了第一次和第二次会议;

(3)2013年4月,发布了用于BPR的卷宗制作工具IUCLID 5.5;

(4)2013年5月,发布了生物杀灭剂收费草稿;

(5)2013年5月,发布了"2014—2018工作计划",BPR是ECHA工作重点之一;

(6)2013年,已发布或准备发布一系列指南文件;

(7)2013年6月,召开了第一次生物杀灭剂利益相关者大会;

(8)2013年9月,发布新的卷宗提交平台R4BP 3.0(Register for Biocidal Product),可用于BPR下各种类型申请工作如生物杀灭剂活性物质申请、生物杀灭剂产品授权卷宗申请等的提交,此外R4BP 3.0也为工业界和官方提供了信息交流的平台。

BPR现已实施,ECHA做好了应对一切的准备。据ECHA法规事务负责人Jukka Malm介绍,截至2013年底,ECHA将有100位员工参加BPR工作。工作内容包括卷宗提交的平台R4BP 3.0、卷宗制作工具IUCLID的开发和维护,指南文件的准备,BPR申请的接受等。ECHA Helpdesk也时刻准备着为申请人提供法规问题的解答服务。接下来,ECHA还将发布一系列的指南文件,促进BPR的实施和完善。ECHA首席执行官Geert Dancet表示,从2012年开始ECHA就一直在为BPR的实施做准备工作,并提供了多种帮助工作和工具来帮助企业应对BPR,如编制指南文件、开展网络会议、制作指导视频、编制合规应对手册以及举办利益相关方大会等,ECHA将继续深入开展或开发这些帮助工作和工具。

## 1.5 BPR 的管理思路

BPD 出台的目的,是对进入欧盟境内的生物杀灭剂产品按照统一的体系进行授权管理。所谓“授权”指的是欧盟各成员国授予一种生物杀灭剂产品在该国境内投放市场和使用的权利。成员国之间可以进行授权互认。

生物杀灭剂产品授权的前提是产品中的活性物质已经获得评估批准。活性物质评估开展的前提是至少有一家企业提交了活性物质通报卷宗。

BPR 延续了 BPD 的管理思路。在此基础上增加了活性物质供应商名单的管理,即授权的前提不仅是活性物质获得评估批准,而且活性物质供应商已经被列入 ECHA 公布的合格供应商名单。与此同时,生物杀灭剂处理物品也被纳入了 BPR 管理范围内。

### 1.5.1 实施活性物质供应商监管,建立合格供应商名单

#### 1.5.1.1 合格供应商名单

BPR 第 95 条规定:“2013 年 9 月 1 日之后,任何希望将活性物质投放欧盟市场的活性物质生产商或进口商,需要向 ECHA 提交活性物质卷宗,或者卷宗引用权。”所有提交了卷宗的企业,将被列入“活性物质供应商名单”。名单将包括按照 BPR 第 95 条提交了卷宗的企业,也将包括在现有活性物质评估阶段提交了活性物质卷宗的企业,名单将不断更新。

2015 年 9 月 1 日之后,如果活性物质供应商未被列入名单中,那么含有该活性物质的生物杀灭剂产品将不被允许投放欧盟市场,已经存在于欧盟市场上的产品将被要求在 2016 年 9 月 1 日前处理完毕。

#### 1.5.1.2 BPR 建立合格供应商名单的原因

欧盟统一生物杀灭剂的管理可追溯到 1998 年,为了实现整个欧盟境内生物杀灭剂的统一授权管理,欧盟委员会立法通过了欧盟 BPD。BPD 在 2000 年 5 月 14 日实施,首先面临的一个难题是对在此之前已存在于欧盟市场的现有活性物质进行评估。对此 BPD 规定了一个过渡时期措施,即在 2000 年 5 月 14 日至 2010 年 5 月 14 日的 10 年

间，完成对所有现有活性物质的评估。在此期间，含有现有活性物质的生物杀灭剂产品不需要履行授权的法规义务。这就是所谓的“现有活性物质 10 年评估计划”，目前该计划已延长至 2024 年 12 月 31 日。

现有活性物质被列入“10 年评估计划”的前提是有企业提交了活性物质通报卷宗，包括理化、毒理、生态毒理、药效和残留等多方面的数据，用于支持现有活性物质的评估。若没有企业提交卷宗，活性物质将不被评估，因此将退出欧盟市场。为了避免这种情况的发生，当时一些大企业或行业协会提交了各自生产或进口的活性物质卷宗，因此这些活性物质得以继续存在于欧盟市场。

在过去的 10 多年间，这些大企业或行业协会为支持活性物质的评估，做了大量的工作：开展测试、卷宗制作、风险评估、与主管机构沟通、补充资料、进行抗辩等，为此耗费了大量的财力和精力。而众多的中小企业、非欧盟企业享受着活性物质继续投放欧盟市场的权利，却未曾参与活性物质的评估过程。这一现象被称为“搭便车”，一直饱受诟病。

BPR 增加了合格供应商名单的规定，意在解决这一问题。要求未参与活性物质评估过程的中小企业和非欧盟企业也提交活性物质卷宗。通过数据共享来分摊前期通报人的数据费，补偿前期通报人的付出。未提交卷宗的企业将不能被列入名单，意味着中小企业和非欧盟企业“搭便车”之旅将到此结束。

#### 1.5.1.3 合格供应商名单，垄断还是机遇？

ECHA 在 2013 年 8 月 31 日首次发布“活性物质供应商临时名单”。该名单包括所有参与了现有活性物质评估的前期通报人。名单涉及 49 个活性物质，对应的合格供应商包括朗盛、巴斯夫、道恩、拜耳等多家企业，其中有两家中国企业在列。

首批临时名单的公布，一方面保护了前期通报人的利益，肯定了他们为支持活性物质评估所做的努力。另一方面，也使前期通报人的付出转化为了市场占有权。因为只有在名单中的企业，才有资格提供活性物质。这等同于 REACH 法规下的一句话：“No data, No market!”

迫于 BPR 的压力，配制商和分销商将只能向列入名单中的供应商采购活性物质，否则 2015 年 9 月 1 日之后，他们生产的产品将不能投放欧盟市场。这虽然方便了市场监管，但一定程度上也形成了市场垄断。

如果活性物质最终没被批准，现在提交卷宗岂不是白费功夫，对于企业担心的这一问题,应从两个方面来认识:首先,大部分活性物质都不是因为评估未批准而被禁用,多数因为未按要求提交通报卷宗。其次,根据当前的信息,现有活性物质评估计划已经延长至 2024 年,若活性物质批准迟迟未决,漫长的等待只会使企业错失眼前的市场,等于现在就放弃了市场。因此,未参与活性物质评估工作的企业只有尽早加入名单,才能抓住市场,正如 ECHA 在生物杀灭剂利益相关者大会上的表述:“早提交,早受益。”

### 1.5.2 生物杀灭剂处理物品纳入 BPR 监管

BPR 实施之后,如果企业想将生物杀灭剂处理物品投放欧盟市场,那么用于处理的活性物质其相关产品类型必须经过官方批准。这一规定弥补了 BPD 的监管漏洞,即对从欧盟境外进口的生物杀灭剂处理物品的监管。

由于 BPD 法规不监管生物杀灭剂处理物品,只监管活性物质和生物杀灭剂产品,所以,只能确保欧盟境内生产的生物杀灭剂处理物品使用了经过批准的生物杀灭剂产品,但却忽视了从欧盟境外进口的处理物品。由于这些处理物品是在欧盟境外处理,其使用的生物杀灭剂产品不受限制,所以可能含有未经批准的活性物质和生物杀灭剂产品。一方面存在着安全隐患,另一方面对欧盟境内的处理物品生产企业不公平。

因此,综合以上考虑,BPR 将生物杀灭剂处理物品纳入监管范围,主要目的是对从欧盟境外进口的生物杀灭剂处理物品实施监管。

## 1.6 BPR 的执法监管

随着 BPR 的实施,市场上的很大一部分涉及生物杀灭剂产品的供应链都面临调整,监管措施日趋完善。在欧盟层面统一 BPR 监管的同时,各成员国的监管措施又不尽相同。BPR 第 87 条中明确要求:欧盟各成员国必须在 2013 年 9 月 1 日之前向欧盟委员会通报违反 BPR 要求的处罚措施,并且采取有效的措施以确保其实施。采取的处罚措施必须有效、均衡并且具有劝阻性。

BPD 下,对于违反指令的行为,不同的成员国有各自的惩罚措施,依其严重程度采取罚款、监禁等惩罚。例如,在德国,按照违法严重程度可处 2,000,000—10,000,000 欧元的罚款或者 5 年的监禁。

BPR的实施给欧盟各成员国的执法监管带来了新的要求，即对处理物品的监管。目前很多成员国已表示将采取严格的措施对进入其市场的处理物品进行监管，包括对处理物品标签及物品中含有的活性物质的监管。若处理物品中含有欧盟禁用的活性物质或者未提供BPR要求的特殊标签，处理物品将会面临退出欧盟市场的风险，与此同时，相关责任人还要承担处罚。

## 1.7 数据共享

### 1.7.1 脊椎动物数据强制共享

BPR第62条规定：为了避免脊椎动物测试，任何申请人在开展测试之前，都需要通过R4BP平台向ECHA提交查询。有数据持有人存在的情况之下，ECHA提供前期通报人的名称及联系方式并将该查询通知前期通报人，但不会提供单独的测试或研究的详细信息和内容。潜在注册者应当通过支付补偿款的方式向数据持有人获取数据引用权，以实现数据共享。

通过数据共享，相同活性物质和相同产品的申请人可以降低申请费用并且避免开展不必要的脊椎动物实验。开展涉及脊椎动物的新的实验研究只能作为最后的手段。为确保以公平、透明、无差别待遇方式确定数据共享的费用，潜在的申请者和前期申请者要尽力达成共识。所有参与者必须及时履行其数据共享的义务。

### 1.7.2 数据共享范围有望扩展

BPR第62条，规定强制共享脊椎动物数据，并且鼓励共享非脊椎动物数据。目前BPR正在修订当中，修订意见稿中将强制数据共享的范围扩展至非脊椎动物数据，除了毒理和生态毒理数据外，还将包括环境行为数据。

为了更好地享受数据共享带来的好处，潜在注册者需与数据持有人进行有效沟通，记录沟通成果，如果在沟通过程中不能得到满意的答复，可以向对方提出有建设性的、清晰准确的问题或证据并且给对方合理的时间提供反馈。

### 1.7.3 数据共享纠纷

潜在申请者和前期申请者对于数据共享可能无法达成一致意见，存在纠纷。这种情况下，ECHA 会针对纠纷提供解决方案。ECHA 协助处理的纠纷主要涉及脊椎动物实验方面。但是，在某些情况下，ECHA 也会帮助不涉及脊椎动物实验的纠纷，比如关于毒理和生态毒理方面的研究。只有这些纠纷解决了，申请者才能提交新的活性物质批准或产品授权的申请。潜在申请者如果向 ECHA 启动数据共享纠纷调解程序，必须能够证明所有成员为达成一致意见已做过努力，并且提供相应的证明文件。ECHA 将评估各成员在公平共享数据和费用这一问题上为达成一致意见而各自做的努力，并在此基础上给出最终决议。

2

# 生物杀灭剂活性物质

ACTIVE SUBSTANCE

## 2.1 活性物质的概念

### 2.1.1 定义

活性物质指对有害生物起作用的化学物质或微生物，例如漂粉精中的有效成分次氯酸钙。常见活性物质及有害生物的防治见图 2.1、图 2.2。

图 2.1 常见活性物质举例

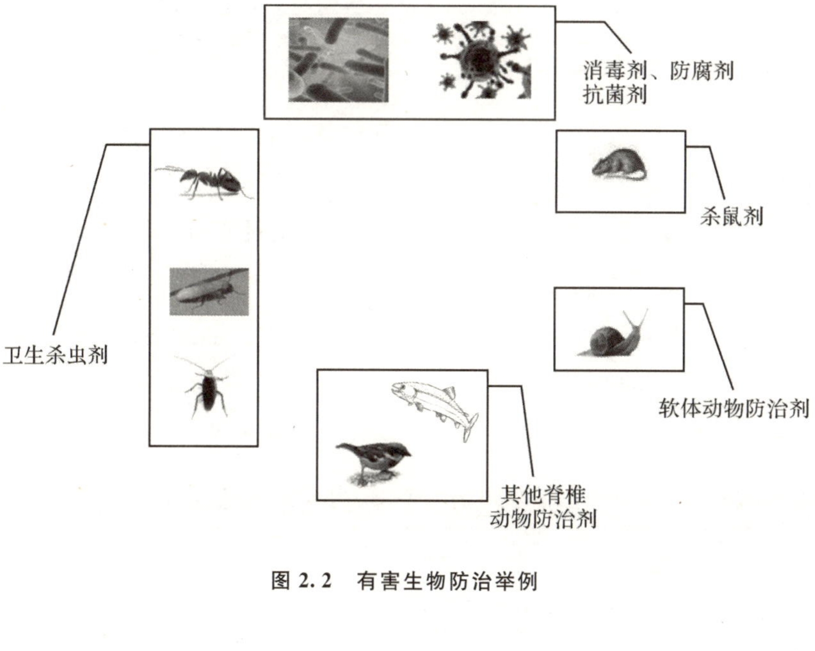


图 2.2 有害生物防治举例

### 2.1.2 活性物质范围及分类

生物杀灭剂活性物质分为现有活性物质和新活性物质。现有活性物质指的是2000年5月14日前投放欧盟市场的活性物质，而2000年5月14日后投放欧盟市场的活性物质被认为是新活性物质。

## 2.2 BPR要求

### 2.2.1 活性物质批准

任何希望将活性物质投放欧盟市场的活性物质生产商或进口商，需要向ECHA提交活性物质卷宗或者卷宗引用权。

### 2.2.2 活性物质卷宗提交

申请活性物质的批准，需要提交BPR附录II中的数据。包括申请人、物质识别信息、物质的理化特性、理化危害信息、药效、用途和暴露信息、毒理信息、生态毒理信息、环境行为、分类与标签信息、保护人类动物及环境的必要措施、风险评估信息等。

#### 2.2.2.1 活性物质批准流程

活性物质批准流程参见图2.3：

(1)申请人向ECHA提交申请；

(2)ECHA进行格式审核并向申请人发出行政费支付通知；

(3)申请人在收到通知的30天内完成行政费支付；

(4)ECHA通知相关评估成员国进行卷宗完整性审核，成员国向申请人发出行政费支付通知；

(5)申请人在收到成员国通知的30天内完成行政费支付；

(6)若卷宗不完整，成员国要求申请人90天内补充材料；

(7)材料齐全后，卷宗评估正式开始。

#### 2.2.2.2 现有活性物质评估进展

接受评估的现有活性物质总数有600多个，其中已评估通过的活性物质有70多

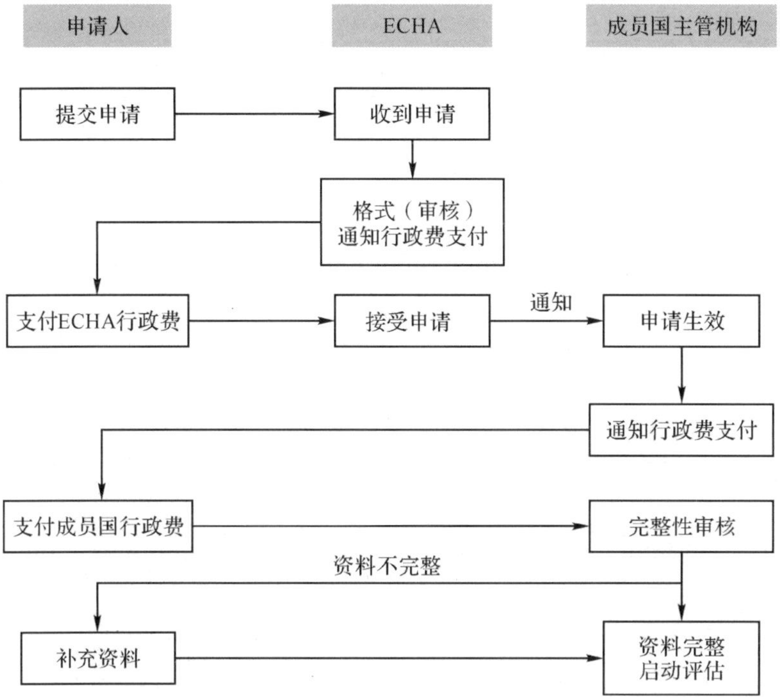


图 2.3　活性物质批准流程

个，详细列表可参见附录 I。卷宗在成员国分配情况如图 2.4：

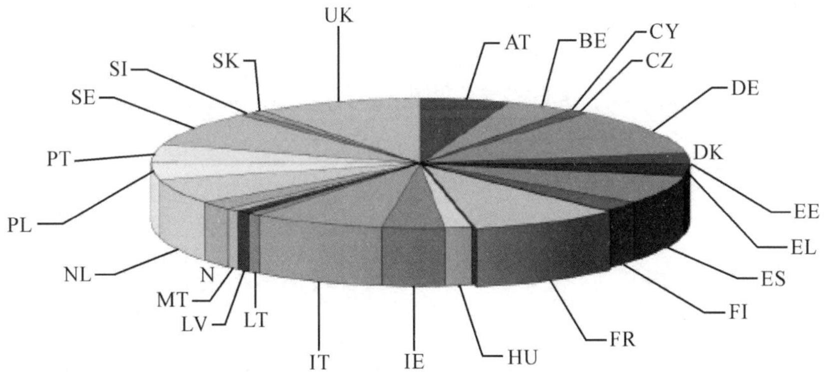


图 2.4　卷宗在评估成员国分配情况

不同产品类型卷宗评估的优先顺序参见表 2.1：

**表 2.1 不同产品类型卷宗评估的优先顺序**

| 评估优先权 | 产品类型(PT) | 成员国向 ECHA 提交评估截止期 | ECHA 向委员会提交生物杀灭剂委员会意见截止期 |
|---|---|---|---|
| 1 | 8,14,16,18,19,21 | 2014.12.31 | 2015.9.30 |
| 2 | 3,4,5 | 2016.12.31 | 2017.9.30 |
| 3 | 1,2 | 2018.12.31 | 2019.9.30 |
| 4 | 6,13 | 2019.12.31 | 2020.9.30 |
| 5 | 7,9,10 | 2020.12.31 | 2021.9.30 |
| 6 | 11 | 2022.12.31 | 2023.9.30 |
| 7 | 12,15,17,20,22 | 2023.12.31 | 2024.9.30 |

### 2.2.3 合格供应商名单

#### 2.2.3.1 什么是合格供应商名单？

BPR 第 95 条规定："2013 年 9 月 1 日之后，任何希望将活性物质投放欧盟市场的活性物质生产商或进口商，需要向 ECHA 提交活性物质卷宗，或者卷宗引用权。"所有提交了卷宗的企业，将被列入"活性物质供应商名单"。名单将包括按照第 95 条规定提交了卷宗的企业，也将包括在现有活性物质评估阶段提交了活性物质卷宗的企业。名单将不断更新。

#### 2.2.3.2 申请列入合格供应商名单需要提交的材料及流程

申请列入合格供应商名单，需要提交 BPR 附录 II 中的数据。包括申请人、物质识别信息、物质的理化特性、理化危害信息、药效、用途和暴露信息、毒理信息、生态毒理信息、环境行为、分类与标签信息、保护人类动物及环境的必要措施、风险评估信息等。申请列入合格供应商的流程参见图 2.5。

## 2.3 企业的责任和义务

生物杀灭剂活性物质生产企业在 BPR 下需要履行的责任和义务可以总结为以下几点。

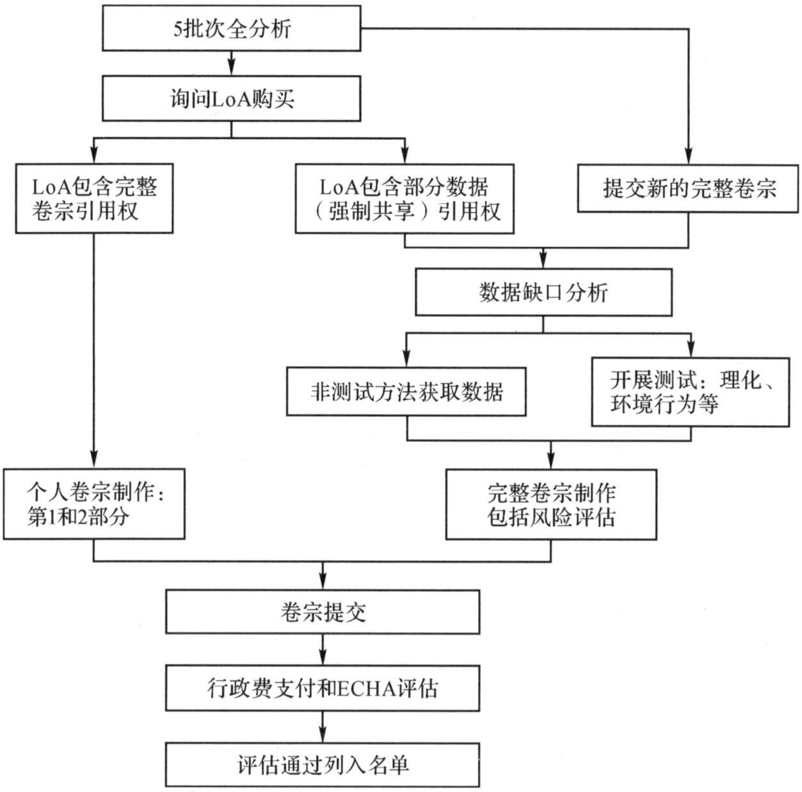


**图 2.5　申请列入合格供应商名单的流程**

(1)活性物质状态检查：不能使用欧盟禁用的活性物质；

(2)活性物质批准申请：若将活性物质、含有活性物质的生物杀灭剂产品或处理物品投放欧盟市场，活性物质必须为欧盟批准的活性物质；

(3)列入合格供应商名单：活性物质的供应商需要在 2015 年 9 月 1 日前被列入合格供应商名单；

(4)准备符合欧盟 CLP 法规要求的分类和标签；

(5)提供安全数据表(SDS)。

## 2.4　典型案例分析

案例：漂粉精的主要用途是消毒剂、防腐剂，其中的活性物质是次氯酸钙，那么漂粉精应对 BPR 的要求是什么？

分析：经查询，活性物质次氯酸钙目前仍在评估当中，含有次氯酸钙活性物质的生物杀灭剂产品授权截止日期尚未确定。因此，漂粉精目前的主要法规要求是列入 BPR 第 95 条合格供应商名单。

3

# 生物杀灭剂产品

BIOCIDAL PRODUCT

## 3.1 生物杀灭剂产品的概念

生物杀灭剂产品指的是供给使用者用于消灭、阻止、预防或控制任何有害生物(如蚊虫、病毒、老鼠等),含有或者可生成一种或几种活性物质的物质或配制品。

## 3.2 生物杀灭剂产品的范围及分类

生物杀灭剂产品杀灭的是公共场合(幼儿园、医院、车站等)的有害生物,农药、兽药、化妆品不受 BPR 监管。例如,用于杀灭室内老鼠的杀灭剂属于生物杀灭剂产品。

**图 3.1 生物杀灭剂产品举例**

BPR 下的生物杀灭剂产品按照作用对象和使用范围的不同,分为四大类 22 种产品类型(PT),如表 3.1 所示。

**表 3.1 生物杀灭剂产品类型**

| |
|---|
| 第一大类 消毒剂和一般生物杀灭剂产品 |
| PT1 人体卫生用生物杀灭剂 |
| PT 2 私人区域和公共区域消毒剂及其他生物杀灭剂 |
| PT 3 兽医卫生用生物杀灭剂 |
| PT 4 食品和饲料区域消毒剂 |
| PT 5 饮用水消毒剂 |
| 第二大类 防腐剂 |
| PT 6 贮存防腐剂 |
| PT 7 涂膜防腐剂 |
| PT 8 木材防腐剂 |
| PT 9 纤维、皮革、橡胶和聚合物防腐剂 |
| PT 10 建筑防腐剂 |
| PT 11 液体制冷和加工系统防腐剂 |
| PT 12 杀黏菌剂 |
| PT 13 金属加工液防腐剂 |
| 第三大类 有害生物防治剂 |
| PT 14 杀鼠剂 |
| PT 15 杀害鸟剂 |
| PT 16 杀软体动物剂 |
| PT 17 杀鱼剂 |
| PT 18 杀虫剂、杀螨剂和其他节肢动物杀灭剂 |
| PT 19 驱避剂和引诱剂 |
| PT 20 其他脊椎动物防治剂 |
| 第四大类 其他生物杀灭剂产品 |
| PT 21 防污剂 |
| PT 22 尸体和标本防腐液 |

## 3.3 对生物杀灭剂产品的要求

BPR 第 17 条规定，生物杀灭剂产品必须获得授权才能投放欧盟市场或使用。进行生物杀灭剂产品授权申请前，必须确认该产品所涉及的活性物质已获得批准，并且提供该活性物质的供应商已列入合格供应商名单的证明。

根据 BPR 第 22 条，授权报告将包含以下内容：

(1)商品名；

(2)授权持有人的名称和地址：BPR 规定，授权持有人为投放欧盟市场的生物杀灭剂产品的欧盟境内责任人或者其代理商；

(3)授权有效期；

(4)授权号(产品组的每个产品是一个授权号后面加上不同的后缀编码)；

(5)产品成分信息，包括活性物质和非活性物质的名称及含量(产品组的含量是一个范围，给出最低值和最高值)；

(6)产品生产商(名称和地址，包括生产地址)；

(7)活性物质生产商(名称和地址，包括生产地址)；

(8)产品制剂类型；

(9)危害和预防措施声明；

(10)产品类型、授权用途的准确描述；

(11)标靶有害生物；

(12)使用剂量和使用说明；

(13)使用人群；

(14)可能的不良反应的详细描述、急救措施和紧急环境保护措施；

(15)废弃的产品和包装的安全处置措施；

(16)贮存条件和常规条件下的贮存有效期；

(17)其他信息。

## 3.4 生物杀灭剂产品授权形式

BPD 下的生物杀灭剂产品授权包括成员国授权和成员国互认，即先向一个成员国提交授权申请，要想同时取得其他成员国的授权，需要向其他目标成员国提交授权互认申请。BPR 除了延续 BPD 下的授权形式外，还引入了统一授权和简易授权。

### 3.4.1 统一授权(Union Authorization)

#### 3.4.1.1 统一授权的范围

统一授权是 BPR 新引入的授权形式，旨在从欧盟层面对生物杀灭剂产品授权。统一授权被批准后企业可以将其产品投放整个欧盟市场。但是申请统一授权是有前提的。BPR 第 42 条中规定，统一授权是根据产品的使用条件划分的，针对的是在欧盟境内具有相似使用条件的生物杀灭剂产品，为将多个成员国市场作为目标市场的申请者提供简化的程序，减轻整体的行政管理负担。但是若其含有的活性物质符合排除标准或者用作驱避剂或引诱剂的食品和饲料，用作加工助剂的生物灭杀剂产品，则不适用 PT14(杀鼠剂)、PT15(杀害鸟剂)、PT17(杀鱼剂)、PT20(其他脊椎动物防治剂)、PT21(防污剂)。

#### 3.4.1.2 统一授权的时间

统一授权实施时间取决于生物杀灭剂产品中含有的活性物质。

(1) 若生物杀灭剂产品中含有的活性物质为新活性物质，从 2013 年 9 月 1 日起，可以申请统一授权。

(2) 若生物杀灭剂产品中含有的活性物质为现有活性物质，则统一授权按产品类型划分为三个阶段：

从 2013 年 9 月 1 日起，开始接受 PT1(人体卫生用生物杀灭剂)、PT3(兽医卫生用生物杀灭剂)、PT4(食品和饲料区域消毒剂)、PT5(饮用水消毒剂)、PT18(杀虫剂、杀螨剂和其他节肢动物杀灭剂)、PT19(驱避剂和引诱剂)的统一授权；

从 2017 年 1 月 1 日起，开始接受 PT2(私人区域和公共区域消毒剂及其他生物杀

灭剂)、PT6(贮存防腐剂)、PT13(金属加工液防腐剂)的统一授权;

从2020年1月1日起,开始接受其余产品类型的统一授权:PT7(涂膜防腐剂)、PT8(木材防腐剂)、PT9(纤维、皮革、橡胶和聚合物防腐剂)、PT10(建筑防腐剂)、PT11(液体制冷和加工系统防腐剂)、PT12(杀黏菌剂)、PT16(杀软体动物剂)的统一授权。

### 3.4.2 成员国授权及授权互认(National Authorization and Mutual Recognition)

成员国授权,由各成员国主要负责。如果待授权产品中含有的活性物质为替代物,该成员国主管机构需进行比较评估,核查是否存在其他已获得授权的生物杀灭剂产品。如果存在,并且这种产品风险非常低、足够有效、没有重大的经济或实际的缺点且其化学多样性尽可能地将抗药性降到最低,那么新产品将无法获得授权或者将受限使用。产品授权需要在实际使用中积累经验,成员国最多可花高达四年的时间完成一个比较评估。

另外,如果申请人希望将成员国授权扩展到其他欧盟国家,则可进行授权互认。授权互认需通过R4BP递交资料,自申请确认开始大约耗时5个月。授权互认包含顺序互认和平行互认两种方式。顺序互认是指申请人首先在一个成员国获得授权,之后要求其他成员国承认这个授权。在这个过程中该申请人需向其他成员国递交申请和已获得的授权书。平行互认是指申请人可以递交一份产品授权申请到一个成员国,同时请求只要该份授权通过则其他成员国也承认这份授权。

### 3.4.3 简易授权(Simplified Authorization)

简易授权申请流程更加快捷,成员国在90天内给出评估,一旦一个成员国授权通过,授权持有人需在30天内通过R4BP通知ECHA和其他成员国,之后产品可以在整个欧盟市场进行贸易。能进入简易授权的产品必须符合以下要求:产品中含有的活性物质均被列入BPR附录I,不含关注物质或者纳米材料,功效显著,且不需要穿戴个人防护装备。简易授权申请需要提交的材料包括产品特性摘要(SPC)、药效数据、符合简易授权的说明。简易授权促进了健康、环保,以及含有低关注物质、配方更好的产品的使用。

### 3.4.4 相同产品授权

相同产品授权是指以一个已授权或已提交授权申请的产品作为参照产品，并符合以下条件：

(1)由同一家公司、附属子公司或者在许可之下按照相同的制造工艺生产；

(2)产品规格完全相同，活性物质和非活性物质的含量相同；

(3)产品包装规格、材料和形式完全相同。

相同产品授权申请所需提交的内容包括：

(1)已授权相同产品的授权号，或已提交授权相同产品的提交号；

(2)与参照相同产品的对比分析；

(3)参照相同产品的全套数据的数据引用权(Letter of Access，LoA)；

(4)产品摘要。

### 3.4.5 产品组授权

BPR 第 17 条(3)规定产品授权可以授予单个产品，也可以授予一个产品组。产品组授权申请只需递交一份卷宗，但产品组中每个产品可以各自获得一个授权号。

产品组是指用途相似、活性物质相同、产品危害性分类标签相同、产品的药效在相同范围的一系列产品。BPR 附录 III(20)规定，提交一个产品组的授权申请，必须提供产品组的信息，作为主管机构判断是否符合产品组定义的依据。如果新产品的组成包含在产品组授权设立的范围内，则授权持有人只需在新产品投放市场前 30 天通知当局。如果该授权是成员国授权，授权持有人需要通知给予产品组授权的相关成员国授权机构；如果是统一授权，授权持有人需通知 ECHA 和委员会。如果新产品只是在允许的范围内对染料、香料或者颜料做了一些变动，则无须通知各个机构。以上所有申请必须通过 R4BP 提交。

# 3.5 授权申请需提交的材料

## 3.5.1 常规授权申请需提交的材料

常规授权需要同时准备满足 BPR 附录 II 要求的活性物质数据(活性物质卷宗或 LoA)、附录 III 要求的产品数据(产品卷宗或 LoA)以及产品特性摘要。其中产品卷宗包括申请人、物质识别信息、理化特性、理化危害、分析方法、药效、用途和暴露、毒理、生态毒理、环境行为、保护人类动物和环境所采取的措施、分类标签、风险评估报告等。可按图 3.2 的流程进行准备：

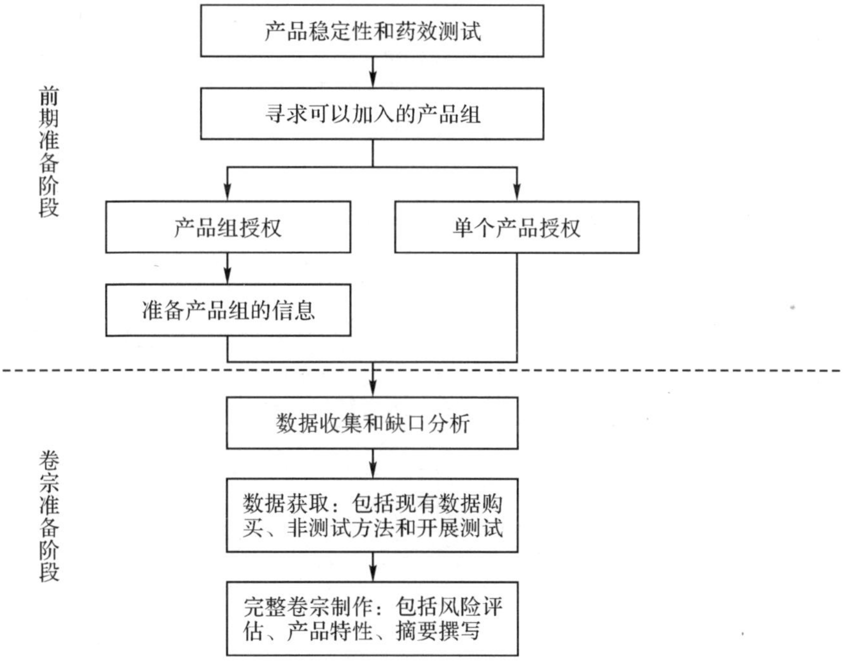


**图 3.2 生物杀灭剂产品授权提交材料准备**

事实上,产品授权前期准备阶段周期会比较长,需对产品的稳定性和药效进行测试,为确保顺利完成授权,需要根据产品授权截止期提早准备。

## 3.5.2 简易授权申请需提交的材料

如果产品满足简易授权的条件,则只需提供以下材料：

(1)产品特性摘要；

(2)药效数据；

(3)符合简易授权的说明。

## 3.6 授权评估流程

### 3.6.1 统一授权评估流程

统一授权评估的流程如图 3.3：

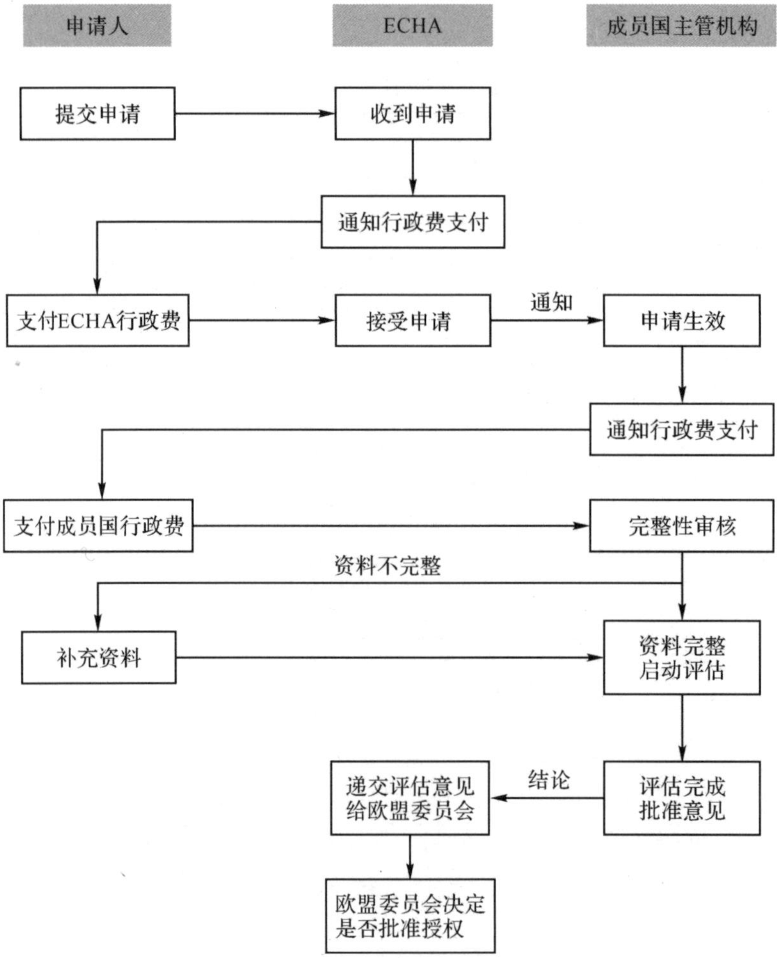


图 3.3 统一授权评估流程图

(1)申请人向欧盟提交申请卷宗;

(2)在收到 ECHA 的行政费缴纳通知后,申请人必须在 1 个月内完成费用缴纳,否则将做退回处理;

(3)ECHA 通知相关评估成员国;

(4)申请人向评估成员国缴纳行政费,须在收到缴费通知后的 1 个月内完成付费;

(5)初审正式启动。申请人应随时跟进相关动态,若接到资料补充通知,则必须在 3 个月内完成资料递交;

(6)评估成员国启动资料完整性审核;

(7)ECHA 将成员国主管机构的批准意见递交给欧盟委员会,由欧盟委员会做授权批准的最终决定。

## 3.6.2 成员国授权评估流程

成员国授权评估的流程如图 3.4:

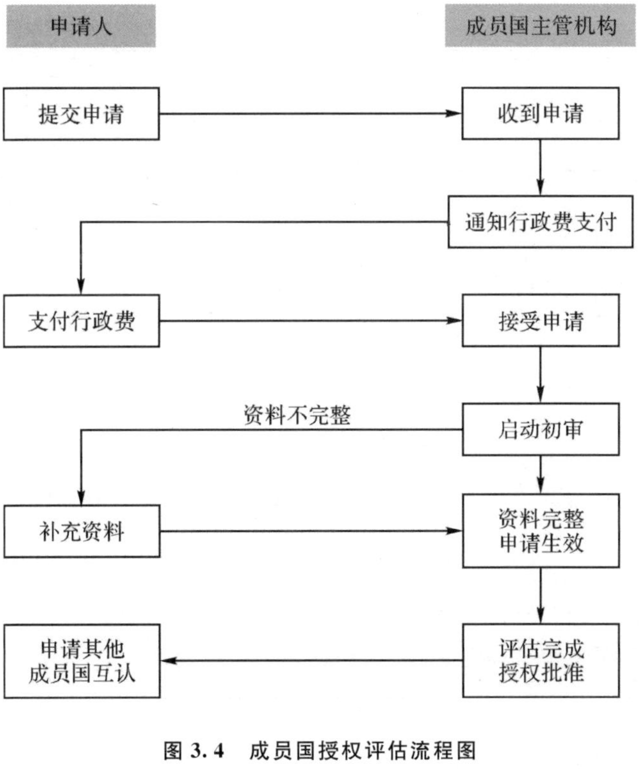


图 3.4 成员国授权评估流程图

(1)由申请人向成员国主管机构递交申请材料;

(2)申请人在收到成员国行政费缴纳通知的1个月内完成费用支付；

(3)成员国启动初审，申请人应随时跟进授权动态，若须补充资料，则必须在3个月内完成资料递交；

(4)评估完成，发布授权批准结果；

(5)进行其他成员国互认申请。

### 3.6.3 简易授权评估流程

简易授权评估的流程如图3.5：

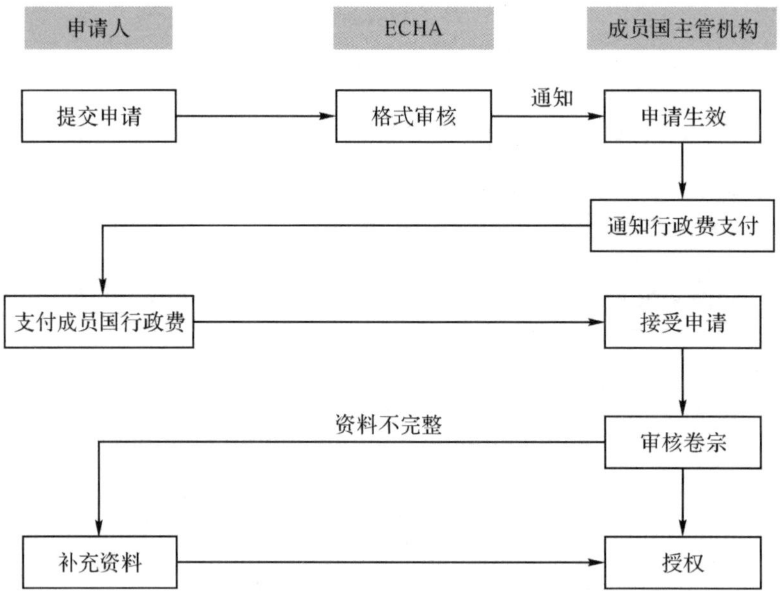


图3.5 简易授权评估流程图

(1)申请人向ECHA递交申请资料；

(2)ECHA审核申请卷宗和数据是否符合格式要求，并经由R4BP 3.0通知评估主管机构；

(3)申请人在收到成员国行政费缴纳通知的1个月内完成费用支付；

(4)评估成员国主管机构在90天内完成评估和授权；

(5)如果卷宗不完整，评估成员国主管机构要求申请者补交资料。申请者一般需在3个月内完成资料补交。评估成员国主管机构在收到补充资料后的3个月内完成产品评估和授权。

## 3.7 企业的责任和义务

以欧盟市场为生物杀灭剂产品投放目标的企业应严格遵守欧盟 BPR。只有获得授权的生物杀灭剂产品才可投放欧盟市场。进行生物杀灭剂产品授权申请前,必须确认该产品中含有的活性物质已获得批准,并且提供该活性物质的供应商已被列入 BPR 第 95 条合格供应商名单的证明。生物杀灭剂产品企业在 BPR 下需履行的责任和义务可以总结为以下几点:

(1)判断自己的产品是否在 BPR 管辖范围;

(2)活性物质状态检查:产品中不能含有欧盟禁用的活性物质及活性物质必须为欧盟批准的活性物质;

(3)活性物质供应商是否为合格供应商:产品中活性物质的供应商需要在 2015 年 9 月 1 日前被列入合格供应商名单;

(4)生物杀灭剂产品授权;

(5)准备符合欧盟 CLP 法规要求的产品的分类和标签;

(6)提供产品的安全数据表(SDS)。

## 3.8 合规案例分析

案例:某防螨产品 A 用于防螨床垫,该防螨产品中含有活性物质,生产商想将该防螨产品投放欧盟市场需满足什么条件?

分析:该防螨产品 A 用于床垫,因此属于生物杀灭剂产品。接下来需要做的工作如下:

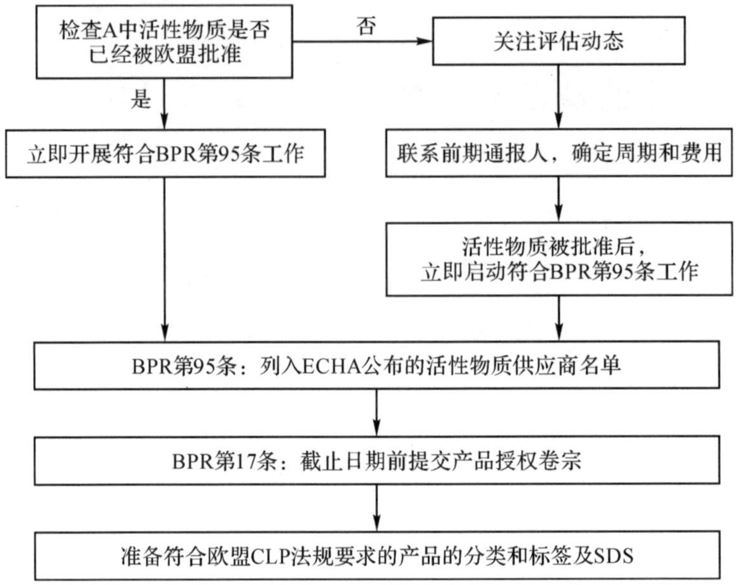


**图 3.6　BPR 产品合规分析示意图**

4

# 生物杀灭剂处理物品

TREATED ARTICLE

## 4.1 生物杀灭剂处理物品的定义

在 BPD 下，没有明确的生物杀灭剂处理物品的概念。只有内部效应和外部效应之分。所谓内部效应指的是物品被生物杀灭剂活性物质处理，目的是控制对生物杀灭剂处理物品本身有害的生物（表面或内部），起到保护物品本身的作用，这种情况下，产品被认为是处理物品。外部效应指的是物品被生物杀灭剂活性物质处理，活性物质从生物杀灭剂处理物品中释放出来以控制生物杀灭剂处理物品外的有害生物，这种情况下，产品被认为是生物杀灭剂产品。但判断是内部效应还是外部效应却没那么容易。

自 2013 年 9 月 1 日起，生物杀灭剂处理物品已经正式纳入 BPR 的监管范围。BPR 第 58 条对生物杀灭剂处理物品的法规要求做了相关规定。

生物杀灭剂处理物品即 Treated Article，指的是使用一种或多种生物杀灭剂产品处理，或者有意添加一种或多种生物杀灭剂产品的任何物质、混合物或物品。其中“有意添加”指的是生物杀灭剂产品将存留在混合物或物品中而成为其中一部分，是一种有意的操作，而“处理”指的是用生物杀灭剂产品处理混合物、物品或其中的组分，但是生物杀灭剂产品的残留物不留在混合物或物品中，或者是处理过程中的非有意残留。这种案例常见于将处理物品投放市场前的烟熏消毒或杀菌，在这个处理过程中，使用的生物杀灭剂可能不会留在处理物品中，但也可能会有非有意残留。实际上“有意添加”和“处理”的区别对于 BPR 第 58 条的应用并不重要，因为在两种情况下，只有被批准的活性物质才可被使用，并且若提供了处理物品生物杀灭属性的声明，或者使用的活性物质批准条件有所要求时，需要提供该处理物品符合 BPR 的标签。

## 4.2 生物杀灭剂处理物品与生物杀灭剂产品的界定

BPR 赋予生物杀灭剂处理物品明确的定义，并对生物杀灭剂产品和处理物品的界定给出判断标准。生物杀灭剂产品和处理物品的界定至关重要，稍有偏差就是两种截然不同的结果，况且生物杀灭剂产品和处理物品应对法规的成本和工作量相差巨大。

简单概括来讲，要分以下几个步骤：

(1)明确自己的产品是 REACH 法规定义下的物质、混合物还是物品；

(2)如果满足 REACH 法规下物质/混合物的定义，那么要根据其是否具有生物杀灭功能及是否被生物杀灭剂产品处理或有意添加来确定其为生物杀灭剂产品还是处理物品；

(3)如果满足 REACH 法规下物品的定义，则需要根据其是否被生物杀灭剂产品处理或有意添加，通过处理或有意添加生物杀灭剂产品是否赋予物品生物杀灭功能以及该生物杀灭功能是否为主要生物杀灭功能来进行确定。当然，大多数情况下，对于不同的处理物品，要根据具体的案例具体分析其功能及属性做出判断。

当产品属于 REACH 法规下的物质或混合物时，可以按照图 4.1 流程进行判断：

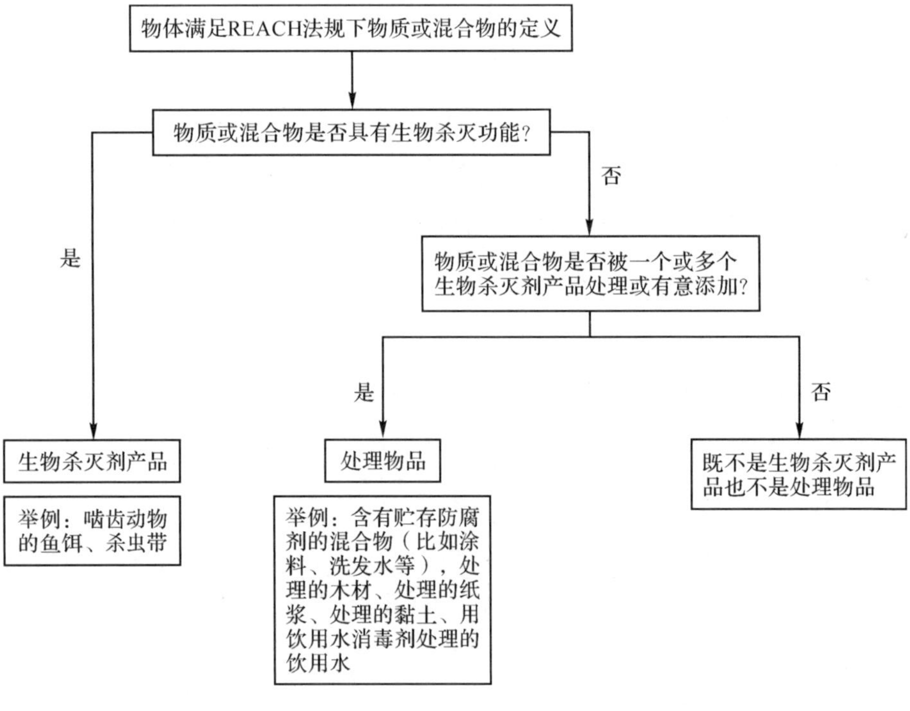


**图 4.1　产品属于 REACH 下定义的物质或混合物情况**

当产品属于 REACH 法规下的物品时，可按照图 4.2 进行判断：

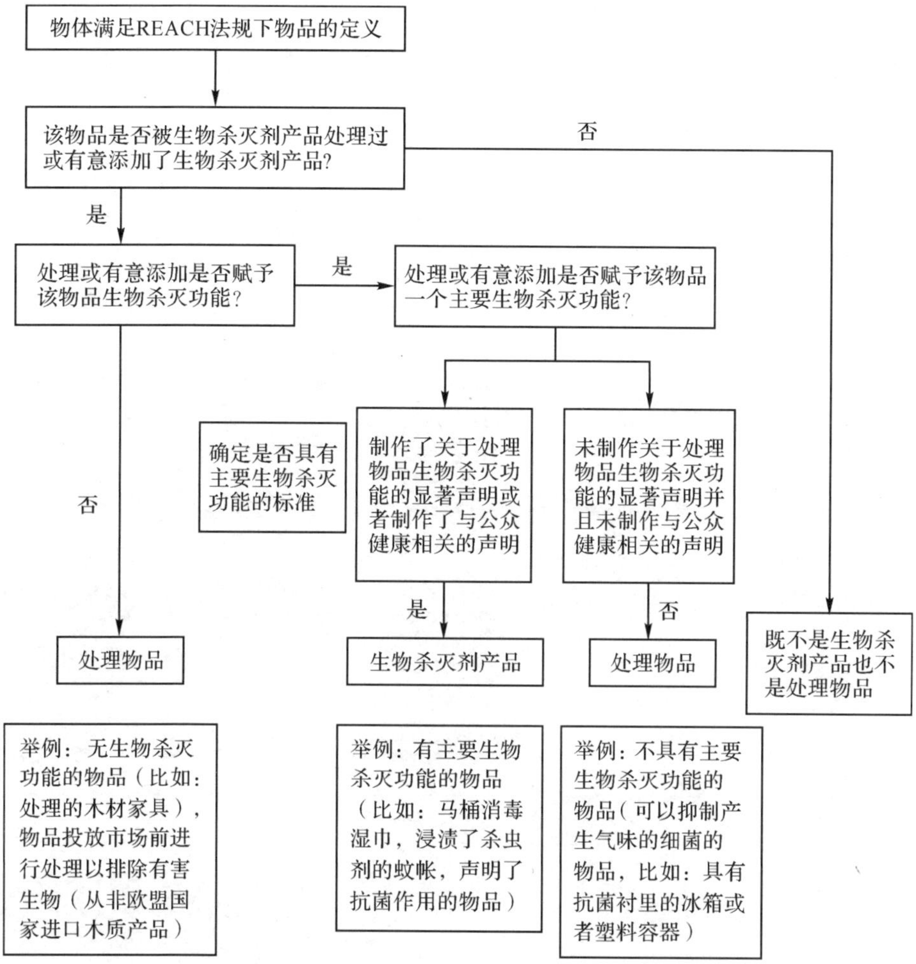


**图 4.2 产品属于 REACH 法规下定义的物品情况**

## 4.3 生物杀灭剂处理物品的范围

生物杀灭剂处理物品涵盖的范围非常广泛，涉及纺织、服装、木材、皮革、塑料、橡胶、玩具、无纺、涂装、电子、家具家电等。为了使产品本身具有抗菌特性或者延长其使用寿命，很多产品或其原材料都或多或少经过抗菌、防霉、防腐（发挥作用的主要是活性物质）处理，比如皮鞋中加入防霉片，用木材防腐剂处理木材，抗菌保暖衣，等等，这些产品都属于 BPR 下处理物品的范畴。对于这部分产品，如果要投放欧盟市场，就需要履行 BPR 法规中关于处理物品的合规要求。可以预见的是，将有非常多的国内生物杀灭剂处理物品生产企业受到影响。据悉，目前很多企业已经接到了欧盟进口商关于符合 BPR 的要求。

**表 4.1　常见生物杀灭剂处理物品举例**

<table>
<tr><th>产品类型</th><th>主要处理部位</th><th>处理物品举例</th></tr>
<tr><td colspan="3">纺织品</td></tr>
<tr><td>服装</td><td>面料</td><td rowspan="5"><br></td></tr>
<tr><td>家纺</td><td>面料</td></tr>
<tr><td>床垫</td><td>面料</td></tr>
<tr><td>内衣</td><td>面料</td></tr>
<tr><td>袜子</td><td>面料</td></tr>
<tr><td colspan="3">家具（室内/室外）</td></tr>
<tr><td>木质沙发</td><td>木材，其他覆盖材料</td><td rowspan="4"></td></tr>
<tr><td>皮革沙发</td><td>皮革，框架，其他覆盖材料</td></tr>
<tr><td>木质桌椅</td><td>木材，其他覆盖材料</td></tr>
<tr><td>木质衣柜</td><td>木材，其他覆盖材料</td></tr>
</table>

续 表

| 产品类型 | 主要处理部位 | 处理物品举例 |
| --- | --- | --- |
| | | 皮革制品 |
| 皮鞋 | 面料 |  |
| 皮衣 | 面料 | |
| 皮带 | 面料 | |
| 皮包 | 面料 | |
| 皮革饰品 | 面料 | |
| | | 卫浴产品 |
| 浴帘 | 塑料/纤维 | 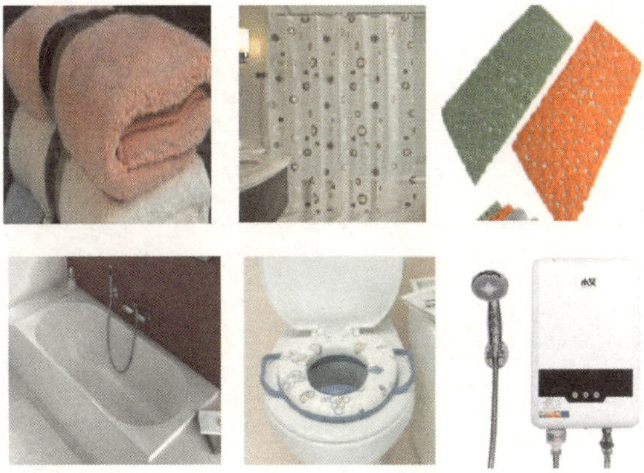 |
| 热水器 | 开关、喷头 | |
| 防滑垫 | 塑料/橡胶/其他材料 | |
| 马桶 | 马桶主体、马桶盖板、马桶垫圈(塑料、纤维、陶瓷材料) | |
| 浴缸 | 陶瓷材料 | |

续 表

<table>
<tr><th>产品类型</th><th>主要处理部位</th><th>处理物品举例</th></tr>
<tr><td colspan="3">厨房用品</td></tr>
<tr><td>砧板</td><td>木材/塑料原材料,涂层</td><td rowspan="5"> 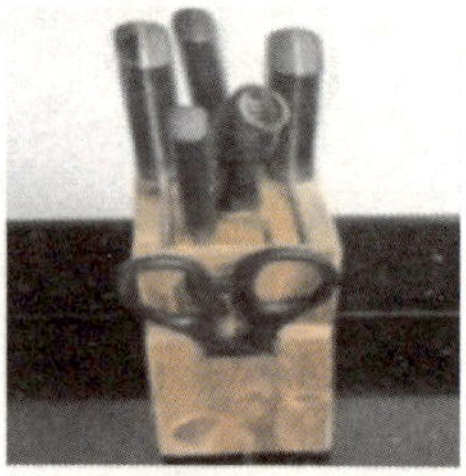  </td></tr>
<tr><td>菜刀</td><td>手柄(木材,塑料,橡胶)</td></tr>
<tr><td>抹布</td><td>面料</td></tr>
<tr><td>餐具/锅具/茶具</td><td>木材/塑料/陶瓷/玻璃/不锈钢,涂层</td></tr>
<tr><td>不锈钢水槽</td><td>不锈钢材料,涂层</td></tr>
<tr><td colspan="3">玩具/文具</td></tr>
<tr><td>玩具</td><td>木材/塑料/橡胶材料,其他材料</td><td rowspan="2">   </td></tr>
<tr><td>文具</td><td>木材/塑料/橡胶材料,涂层</td></tr>
<tr><td colspan="3">其他生活用品</td></tr>
<tr><td>婴儿尿不湿</td><td>面料</td><td rowspan="4">  </td></tr>
<tr><td>奶瓶</td><td>瓶身(塑料材料、玻璃材料),奶嘴(橡胶材料)</td></tr>
<tr><td>牙刷</td><td>牙刷丝</td></tr>
<tr><td>卫生巾/棉等卫生用品类</td><td>面料</td></tr>
</table>

## 4.4 BPR 对处理物品的要求

相对于生物杀灭剂产品的合规，处理物品应对法规的成本会低廉很多，而且法规要求相对简单。那么对于广大企业来讲，该如何正确地应对法规呢？首先是含有的活性物质需经过批准，即不得含有禁用的活性物质；其次是需按照 BPR 的要求贴标签；最后是能够提供处理物品具有生物杀灭属性/功能的证明文件。

对于含有未经批准的活性物质的情况，有一定的过渡期限，若过渡期间仍没有按要求提交活性物质批准申请，生物杀灭剂处理物品需要在 2016 年 9 月 1 日前退出欧盟市场。

### 4.4.1 处理物品投放欧盟市场的条件

处理物品投放欧盟市场需要满足以下条件：

(1)用于处理或有意添加的生物杀灭剂中含有的所有活性物质必须经欧盟批准，即不能是欧盟禁用的物质；

(2)生物杀灭剂处理物品需满足含有的活性物质批准的限制条件。

那么如何判断处理物品中所含活性物质是欧盟批准的活性物质还是禁用活性物质呢？可以参照以下流程(图 4.3)：

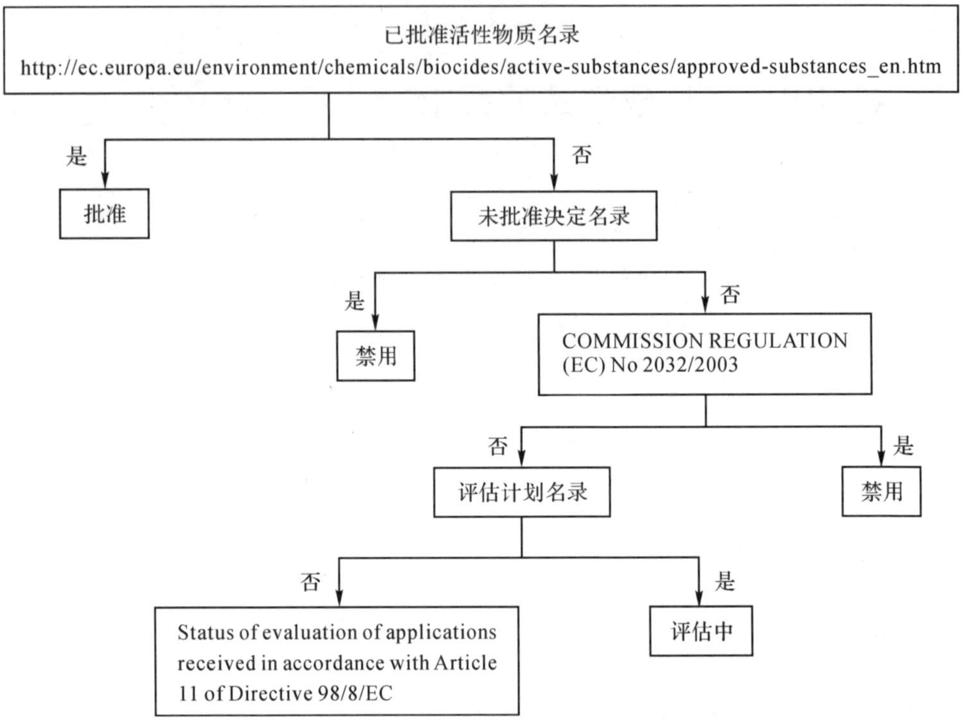


**图 4.3　活性物质状态查询流程**

## 4.4.2　制作特殊的标签

根据 BPR 第 58 条(3),如果含有生物杀灭剂产品或用生物杀灭剂处理的物品,其生产商对物品的生物杀灭属性进行了声明或者生物杀灭剂处理物品中含有的活性物质有可能与人类接触或者释放到环境中,因此需要满足活性物质的批准条件,那么必须制作符合要求的标签。标签上需包含的内容有:

(1)生物杀灭剂处理物品中有意添加生物杀灭剂产品的声明;

(2)生物杀灭剂处理物品的生物杀灭属性的证明;

(3)生物杀灭剂产品中含有的所有活性物质的名称;

(4)生物杀灭剂产品中含有的所有纳米材料的名称;

(5)任何关于用途的说明,包括任何由于处理或有意添加到生物杀灭剂处理物品中的生物杀灭剂产品而采取的防范措施。

对于标签要求,没有过渡期限,自 2013 年 9 月 1 日起开始实施监管。有人提出:为确保处理物品中生物杀灭剂产品的合理使用,希望通过标签或其他方式提供更多的信息,比如风险的降低、声明有效性的证明及可能提供给消费者的其他信息。这些建议很可能促使官方针对处理物品提出更严格的合规要求。

### 4.4.3 提供相关检测数据证明材料

BPR 第 58 条(3)规定了标签中需要涵盖的内容,如果生产商声明其处理物品具有生物杀灭属性,那么需要能够提供适当的证据以证明该属性。比如生产商声明"该产品含有某种防腐剂以延长其保质期",那么需要能够提供适当的证据以支持该声明。此类证明材料可以是相关化学分析检测报告证明物品中含有该防腐剂,同时提供一些有效的数据证明添加该防腐剂前后对产品保质期的影响。目前 BPR 并没有对所需证明材料的类型提出具体的要求,但随着法规的实施、监管力度的加大,不排除颁布标准指南文件以规范这一要求。

## 4.5 生物杀灭剂处理物品供应链上企业的责任和义务

根据处理物品的定义不难看出,用生物杀灭剂处理或有意添加生物杀灭剂的最终结果可能会使物品具有一定的生物杀灭属性,而发挥作用的就是生物杀灭剂中的活性物质。供应链上涉及的角色包括活性物质供应商、生物杀灭剂产品供应商、处理物品生产商、处理物品欧盟进口商、处理物品分销商及终端使用者等。处理物品纳入 BPR 监管范围后,对处理物品投放欧盟市场限制了条件,受条件约束,处理物品的整体供应链势必会受到影响。

### 4.5.1 欧盟进口商

首先,对于从欧盟外进口到欧盟境内的处理物品,如果满足了 BPR 第 58 条(3)中制作标签的条件,即"生产商对物品的生物杀灭属性进行了声明或者生物杀灭剂处理物品中含有的活性物质有可能与人类接触或者释放到环境中,因此需要满足活性物质的批准条件",那么官方将会要求进口商提供处理物品的标签。欧盟进口商将是履行合规义务的直接责任人。当然,进口商也可以将制作标签的义务传递给其非欧盟的供应商,由供应商完成该义务。

其次,BPR 第 94 条(1)规定:只有生物杀灭剂处理物品中的活性物质被欧盟批准,处理物品才能投放市场。对于欧盟进口商来讲,若其进口至欧盟的物品中含有未批准的活性物质,那么该处理物品则会被要求限期退出市场。因此,进口商需要及时向其非欧盟供应商确认产品情况,确保进口物品的合规性。

### 4.5.2 非欧盟生产商

首先,处理物品生产商可能会收到向其欧盟进口商提供物品标签的要求,那么处理物品生产商需要准备符合法规要求的标签,再将标签传递给其欧盟进口商。

其次,按照法规第 94 条(2),对于那些含有已禁用活性物质的处理物品,最晚可在欧盟市场存在至 2016 年 9 月 1 日。欧盟进口商在 2016 年 9 月 1 日之后将不能进口这部分处理物品。如果还想继续将物品投放市场,处理物品供应商可以利用缓冲期进行替代品的开发研究与工艺流程的改进更新,使其符合法规的要求。

### 4.5.3 活性物质/生物杀灭剂产品供应商

若处理物品中的活性物质还未提交批准申请,处理物品生产商就会要求活性物质/生物杀灭剂产品供应商提交活性物质批准申请。因此,活性物质/生物杀灭剂产品供应商很可能要履行申请活性物质批准的义务。

在 BPD 下,从欧盟外进口到欧盟的处理物品,其含有的活性物质可能未经批准甚至已被禁用,但是处理物品仍可正常投放市场。BPR 实施后,对这一现象进行了规范,法规第 58 条(3)规定:只有处理物品中含有的活性物质其相关产品类型被批准,处理物品才可以投放欧盟市场,否则限期退出市场。因此企业在进行贸易前,需要分析自己的产品,了解产品现状。若处理物品的生产商(进口商)对活性物质情况不了解,可以询问其上游活性物质供应商。

根据 BPR 第 94 条,在 2016 年 9 月 1 日前,处理物品中含有的活性物质仍未获批准的产品需退出市场。

### 4.5.4 供应链上的信息传递

BPR 第 58 条(5)明确规定:如果消费者想知道关于处理物品的生物杀灭处理的信

息,供应商必须在 45 天内免费提供相关信息。因此,供应链上信息传递的及时性至关重要。

总体来讲,将生物杀灭剂处理物品纳入 BPR 的监管,对相关产品供应链的影响不容忽视,不论是供应商还是进口商都要高度重视。进口商更倾向于选择供应链上有合规意识、符合法规要求的供应商。目前,很多供应商已经收到了其欧盟进口商关于应对 BPR 的问询,广大供应商可以借此机会积极应对法规,赢得更多进口商的信赖以扩大市场。

## 4.6 生物杀灭剂处理物品合规案例

案例:某皮鞋供应商声明皮鞋的包装盒里放入防霉片以预防皮革发霉,防霉片中含有活性物质 A,那么该皮鞋供应商的 BPR 合规义务是什么?

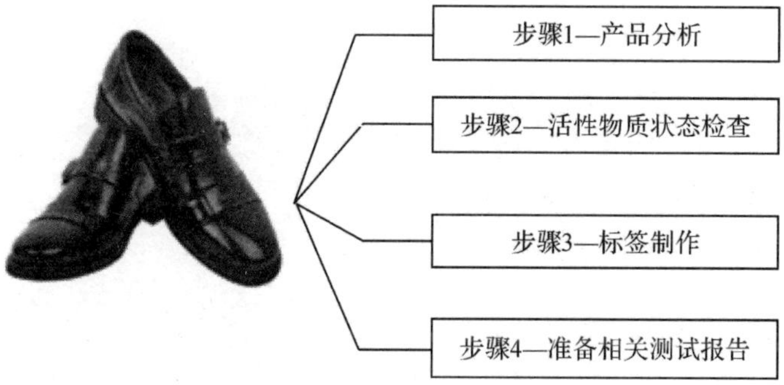


分析:(1)判断产品是否在 BPR 管辖范围内,属于哪类监管对象?防霉片属于生物杀灭剂产品,用其处理皮鞋以防止皮革发霉,则皮鞋属于 BPR 下的处理物品范畴。(2)检查防霉片中活性物质 A 的状态。若 A 用在皮革防霉的相关产品类型已经被欧盟批准使用或为评估计划中正在评估的物质,那么皮鞋可以正常投放欧盟市场。若 A 用在皮革防霉的相关产品类型被欧盟禁用,需进一步分析禁用原因,如果是由于前期无人通报该用途,那么活性物质 A 的供应商需在 2016 年 9 月 1 日前向欧盟主管机构提交活性物质 A 相关产品类型的批准申请,否则用其处理的物品将被限期退出欧盟市场。(3)标签制作。皮鞋的生产商声明了其物品使用生物杀灭剂产品处理,具有防霉的生物杀灭属性,根据 BPR 第 58 条的要求,需要制作符合要求的处理物品的特殊标签。(4)能够提供证明处理物品具有生物杀灭属性的相关测试报告。

5

# BPR应对建议

我国加入WTO十余年的经验表明，应对国外技术性贸易壁垒是一个系统工程，由一个机构单打独斗不能取得理想的效果，而应由政府、企业和中介机构联合起来分工协作、各司其职，才能取得实际成效。针对欧盟BPR也应从政府、企业及中介结构三个层面进行分工协作。

## 5.1 政府层面

### 5.1.1 强化信息的收集与预警

(1)运用全新社会媒体，拓宽技术壁垒信息发布渠道。目前，我省已建成了“浙江省应对技术性贸易壁垒信息服务平台”，作为全省最权威的TBT信息服务平台，受限于人力和物力等各种资源的制约，相关信息的更新、传播与企业日益增长的需求之间还有一定的差距。信息的及时收集与取得是应对技术壁垒的关键。因此，有效地向相关机构或企业传递技术壁垒信息，是技术壁垒应对工作的重点。当前社会日益便捷的新兴媒体形式的存在为实现上述资讯的传递提供了便捷畅通的渠道，技术性贸易壁垒应对的研究机构、协会与企业之间应当借助新媒体，如微博、微信等网络即时聊天工具，拓宽信息发布渠道，通过建立立体化、全方位的信息传递平台，实现技术壁垒资讯的即时传递、快速预警与快速响应。

(2)充分利用通报评议期，减少应对成本。根据TBT协定，成员国发布技术性贸易壁垒的通报，应当设置其认为足够的TBT通报评议期，可以为其他成员提供足够的时间研判拟议的TBT措施，并提出合理的意见要求。协定规定各成员技术性贸易壁垒通报给其他成员60天的评议期，推荐并鼓励给予90天的评议期。如果充分利用评议时间，在技术性贸易壁垒正式确定之前通过TBT规则经过评议让其他成员接受我方意见，修改或撤销通报的措施，能用最小的成本，取得最好的应对效果。

### 5.1.2 加强公共服务平台的建设

为应对BPR法规可能给企业带来的冲击，“浙江省应对技术性贸易壁垒信息服务平台”增设了“浙江省BPR法规研究应对专栏”。同时，浙江省标准化研究院联合杭州华测瑞欧科技有限公司开通了“浙江省BPR法规应对与研究中心”平台作为专门的

BPR 应对网站。当前政府已经建设了部分公共服务平台，但远未能够满足出口企业应对日益复杂化、系统化、扩散化的技术壁垒的需求。所能够提供的资讯与应对服务难以满足全面应对技术壁垒，保障顺利出口的需求。在这一形势下，政府应当加强技术壁垒应对服务平台的建设。可以采取税收减免、返还，提供奖励、补贴等一系列措施，推动一批市场化的应对技术壁垒服务型企业的孵化与建立，形成全方位应对世界范围内各类技术壁垒的综合性服务平台，为企业提供更为专业、有效、便捷的应对技术壁垒服务。

### 5.1.3 大力推进标准化战略

技术壁垒问题，实质是标准的问题。不论是其现行的 BPR 问题，还是早期 BPD 问题，归根到底都是在生物杀灭剂的管理与适用范围上的执行标准问题。标准化是国民经济和社会发展的重要技术基础性工作，在保证产品质量安全、促进对外贸易和经济结构调整、实现科技创新和产业升级等方面起着主导作用。大力推进标准化战略，紧紧围绕产业发展大局，有效发挥技术标准的独特作用，全面提升产品的竞争力，是应对欧盟 BPR 法规的重要措施和根本途径。

### 5.1.4 加强各级政府的政策支持

WTO 中集团化现象的发展表明区域内成员标准同盟化加剧，除了欧盟之外，中东阿拉伯地区、中美洲地区、东南亚地区的国家也已经建立了标准同盟化，同一地区内的国家对同类产品实行相同要求的技术标准，使得该区域范围内的产品能够自由流通，但也会对区域之外国家的产品出口造成潜在性的壁垒影响。为此，我省应该加强同其他地区的国际合作，除在省级财政上安排应对技术壁垒的专项资金外，各市、县等地方政府应重视技术性贸易壁垒的应对工作并加强配套政策及资金支持，通过在国际合作中推广标准化战略，奖励有实力的企业采用国外先进标准或国际标准来推进企业的标准化、国际化进程。或者通过采取技术壁垒攻关试点办法，培育试点示范企业或示范园区，并辐射至全省，从而提高我省产品的国际竞争力水平。

### 5.1.5 加强技术壁垒高端人才培养

政府出台政策鼓励标准研究机构、高等院校、行业协会与企业等单位参与各类技术性贸易壁垒论坛和研讨会，扩大普及 WTO/TBT 知识。建立健全我省应对技术性贸易壁垒方面的人才引进及培养机制，建成技术性贸易壁垒研究应对的人才梯队，以省WTO/TBT 通报咨询中心为主体，吸收高等院校、检测机构、法律咨询机构、产业协会及企业中具备丰富理论或实践经验的人员组成全省应对技术性贸易壁垒专家库，充分发挥各领域专家在应对和研究技术性贸易壁垒、标准化研究、产业服务以及贸易纠纷应诉等方面的作用，提升我省应对技术性贸易壁垒的水平。

## 5.2 企业层面

### 5.2.1 树立正确观念和意识

WTO/TBT 协定针对政府层面规定了管理规则，然而应该认识到，企业才是技术性贸易壁垒的应对主体。欧盟 BPR 法规除了规定政府的管理之外，更多的是对产品进行了管控，而企业作为产品生产者与提供者，理所当然地担负起欧盟 BPR 法规的应对主体，摒弃以往“等、靠、要”的思想。采取积极的措施，通过培训学习、技术升级与标准提升来保证产品的竞争力。

### 5.2.2 加大信息的传递与反馈

作为技术壁垒的应对主体，企业在收到预警信息时，应该及时把相关信息向负责采购、设计、生产与销售的员工进行传递，征集各部门的应对建议和应对方法。同时，企业应及时把相关做法和建议反馈给浙江省 WTO/TBT 通报咨询中心等预警发布单位。按照 WTO/TBT 协定，一项 TBT 措施正式实施前会有约 60 天的评议期，企业可以利用这个时间及时向政府或行业协会反馈自己的意见，将企业在出口中遇到的实际障碍以及需要政府提供的帮助等诉求反馈给政府，一方面为政府在 WTO 中采取进一步磋商措施提供证据支撑，另一方面为政府部门出台相关政策提供信息支撑。

### 5.2.3 采用正确的供应链管理

近几年，国外技术性贸易壁垒的影响正从单一产品扩展到整个产业链，BPD 上升至BPR 之后，对于处理产业的要求也表明产业链被纳入管控范围之内。因此，对于国外技术壁垒的应对，企业除了进行技术改进、工艺改进等常见措施之外，还应强化供应链管理，提高企业的质量管理意识和水平。针对BPR法规管控的处理物品生产企业，企业应确保所用的生物杀灭剂产品已经得到欧盟批准，且其生产企业被列入合规供应商名单。

### 5.2.4 推进企业标准化建设

标准化是应对国外技术壁垒的重要手段，企业应树立与其市场定位、市场目标相适应的标准化理念，建立符合自身发展需求的企业标准体系。针对欧盟BPR法规，企业应对其产品涉及的杀灭剂的名称、种类进行摸底排查，针对BPR的准入标准与企业执行的标准进行对比分析，重新制订符合出口的企业标准，并推进企业标准化建设，以标准化手段推进企业产品质量、竞争力的提升。

### 5.2.5 积极参与通报评议

正如前已述及的WTO各成员在相关TBT措施实施前，会通过TBT秘书处向各成员国进行通报，并给以60天的评议期。企业可以利用这个时间积极研究出口方拟议的相关措施，针对相关的标准、检测方法等的改变有可能对企业出口造成的贸易障碍提出评议意见，并通过我国相关机构反馈到对方，促使对方撤销、修正某些对我国企业出口不利的措施。同时，企业也可以通过参与通报评议及时获取国外TBT措施的信息，为做好应对措施赢得时间。另外，当企业能够积极地参与到技术性贸易壁垒的应对工作之中时，不仅能够突破自身资源的限制，从而获得更多外部资源支持，更有利于企业长远发展。

## 5.3 中介机构层面

### 5.3.1 信息的跟踪、预警

WTO成员在发布技术性贸易壁垒通报时，需要就通报所涉及法规的出台背景、实施意义与时间框架进行通报，并给其他成员对拟议的措施发表评论意见，提出问题或提供建议的时间。因此，行业协会应该担负起TBT通报的跟踪、预警与传递作用。另外，行业协会在市场经济中应起到协调、服务的作用，推动标准体系的建设，积极引导企业采用国际标准，促进国内行业标准与国际标准接轨。行业协会应积极收集主要贸易伙伴的各种信息，将有可能影响到本行业企业的技术性贸易壁垒信息及时反馈给企业，帮助企业及早采取应对措施。

### 5.3.2 组织企业的应对培训

行业协会应切实担负起企业牵头人的作用，组织并向企业宣传欧盟生物杀灭剂法规的相关内容与影响，提升企业的应对意识；联系中介组织开展研究成果转化与推广工作，以培训、咨询等形式向相关企业传授应对生物杀灭剂法规的方法，如核查产品生产工艺中对生物杀灭剂产品的使用情况，产品配方是否含有生物杀灭活性物质等，提高企业人员管理水平，提升企业自管自控能力，增强企业应对信心和水平。

### 5.3.3 组织企业的评议和磋商

收到 WTO/TBT 通报后，行业协会应积极组织企业研究相关通报，针对通报中涉及的标准、检测方法等的改变有可能对行业出口造成障碍的，向我国 WTO/TBT 通报咨询中心提出评议意见，并通过我国 WTO/TBT 通报咨询中心反馈到对方，促使对方撤销、修正相关 TBT 通报措施。同时，利用 WTO/TBT 委员会例会上的“特别贸易关注”，协助政府在 WTO 规则范围内与其他成员国协商解决各种贸易争端，积极提出影响行业出口的国外现行的或拟议的 TBT 措施，要求对方修改或修正相关措施，维护行业的权益。

#### 5.3.4 提出改进建议

随着当前世界上技术性贸易壁垒的系统化、复杂化趋势日益显著，单一的技术性贸易壁垒往往影响到产业链整体的生产活动，这就要求处于产品链上下游的企业能够在行业协会或其他中介机构组织之下，共同形成破解重大技术难题的联盟，增强各自企业整体应对复杂化、系统化的技术性贸易壁垒的能力，并提出整个行业以及产业链的应对措施，有效促进产业的健康发展。

6

# BPR应对常见问题

## 6.1 生物杀灭剂活性物质 & 生物杀灭剂产品相关

1. BPR 都包含哪些领域？农民使用的农药是否在 BPR 监管范围内？

人类健康和公共卫生，以及工业领域使用的杀虫剂、杀菌剂和杀螨剂在 BPR 下都属于生物杀灭剂。农业领域使用的农药属于欧盟植物保护剂管辖范围（Plant Protection Product Regulation，PPP），不属于生物杀灭剂管辖范围。

2. 对于用于农药或杀毒剂中的其他辅助性成分（比如让活性物成分更易铺展的辅助性成分），是否只要遵循 REACH 法规就可以了呢？

生物杀灭剂产品当中的辅助性成分（非活性物质）在 BPR 下不会被单独监管，但其作为产品的组成部分，如果危害性较大，可能会影响产品整体的危害性分类，从而影响产品授权的批准结果。作为生物杀灭剂产品的辅助性成分，属于化工用途，而非生物杀灭剂用途，因此需要遵循 REACH 法规。

3. 游泳池内的杀菌除藻剂（主要成分是聚季铵盐类）在 BPR 范围内吗？

游泳池内的杀菌除藻剂在 BPR 范围内。但具体的活性物质需要确认是否允许在欧盟使用，若活性物质被禁用，该产品则不能投放欧盟市场。

4. 农药中有部分杀虫剂比如残杀威被列入了 BPD 附录Ⅰ中，是不是说明这个产品将受到 BPR 和 CLP 的双重监管？

活性物质列入 BPD 附录Ⅰ，表明在 BPR 下属于已经被批准的物质，含有这种活性物质的产品需要在批准日期前申请授权。另外按照 BPR 第 95 条的要求，活性物质供应商需要被列入 ECHA 公布的供应商名单。在申请产品授权和列入供应商名单的卷宗中，都需要按照 CLP 法规的要求，进行分类和标签。

5. BPR 对监管对象有量或吨位的规定吗？

没有吨位的限制。在 REACH 法规下，根据吨位的不同，数据要求有所不同。但在 BPR 下数据要求与吨位没有关系，即使含量再低，只要属于生物杀灭剂产品或活性物质，都需要符合 BPR 的要求。BPR 下的数据要求和产品类型（用途）有很大关系，相同的活性物质或产品用于不同的用途当中，数据要求会有很大不同。

6. 工业用途的杀菌，以及用于护肤品的防腐，是不是属于 BPR 监管范围？

工业用途的杀菌属于 BPR 的监管范围。用于护肤品的防腐，首先需要界定产品属于化妆品还是生物杀灭剂产品。化妆品属于欧盟化妆品法规的监管范围，在 BPR 下豁免。若护肤品的主要功能是护肤，而非消毒、灭菌、杀螨等功能，认为其属于化妆品，因此不属于 BPR 监管范围。

7. 已经列入 BPD 附录Ⅰ中的成分，是否说明其已通过评估？

是的。已经列入 BPD 附录Ⅰ的成分，说明已通过评估。

8. 过了数据保护期的卷宗可以在哪里查询？

每个活性物质的数据保护期限通过评估批准的日期可以进行推断，即评估批准决定发布日期之后的 10 年(现有活性物质)或 15 年(新活性物质)。同样，生物杀灭剂产品的数据保护期为授权批准决定发布日期之后的 10 年(只含现有活性物质)或 15 年(含新活性物质)。另外，在开展测试之前，向 ECHA 递交查询申请，ECHA 也会告知数据的一些情况。

9. 如果有欧盟进口商进行了产品卷宗的提交，产品中含有某活性成分是国内制造商生产的，且该进口商也在卷宗中注明了制造商的名称，那么这个制造商是否能算入 relevant person？是否该制造商不需要自己再提交卷宗了？

按照法规原文，relevant person 指的是：Any person wishing to place active substance(s) on the Union market on its own or in biocidal products。因此国内制造商算作 relevant person。同时 BPR 第 95 条也规定，relevant person 是非欧盟企业时，由进口商申请列入供应商名单。在本问题中，欧盟进口商已经提交了产品的卷宗，因此会被自动列入活性物质供应商名单。制造商不需要自己再提交卷宗了。

10. 如果产品是纯天然的，是否还要应对 BPR？检测单位不知道是否需要检测。

天然的活性物质也需要看其危害性，列在 BPR 附录Ⅰ(注意不同于 BPD 附录Ⅰ中的活性物质)属于低风险的活性物质，含有这些活性物质的产品可以申请简易授权。即使是纯天然的活性物质，按照 CLP 法规的分类标准，仍然有危害分类，则法规要求等同于一般物质。由于产品的纯天然，在开展测试过程中，检测方法可能会有不适用的情况，因此无法开展测试，这种情况下可以通过其他途径获取数据，或进行数据豁免声明。

11. “顺序互认”和“平行互认”有什么区别？

“顺序互认”——Mutual recognition in sequence。指的是在已经获得了一个成员国授权之后，申请人同时向一个或多个成员国递交授权互认申请。每个成员国各自评估，最终在所有成员国都同意互认后，每个成员国分别批准互认。若所有成员国没能达成一致，已经同意的成员国可批准互认。

“平行互认”——Mutual recognition in parallel。指的是在提交生物杀灭剂产品授权申请的同时，申请人向其他成员国申请授权互认的情况。申请人需向授权申请的评估成员国和其他成员国提交资料。在所有成员国达成一致意见后，每个成员国批准授权互认。若没能达成一致，已经同意的成员国可批准互认。该过程有点类似于欧盟境内的统一授权。

12. 活性物质和生物杀灭剂产品是否都要求提供安全数据表(SDS)?

根据 REACH 法规第 31 条，物质和混合物需要准备 SDS，这个要求同样适用于活性物质和生物杀灭剂产品。BPR 第 70 条有相关说明。

## 6.2 生物杀灭剂处理物品相关

1. “物品的生物杀灭属性”该如何理解?

物品由于被生物杀灭剂处理或有意添加生物杀灭剂而具有的特性。

2. 具有“生物杀灭功能”的处理物品指的是什么?

具有“生物杀灭功能”的处理物品指的是：可以通过任何非单纯的物理或机械作用方法来消灭、阻止、预防或控制任何有害生物的物品。

3. 如果欧洲工厂从非欧盟进口活性物质或产品到欧洲处理物品，谁应该提交申请，是非欧盟企业还是进口商?

按照 BPR 规定，生产商为非欧盟企业时，由欧盟进口商来履行法规要求。所以，应该由欧洲工厂来申请列入活性物质供应商名单。另外，欧洲工厂的处理物品，还应当为物品制作符合 BPR 要求的标签。

4. 具有“主要生物杀灭功能”的处理物品指的是什么? 如何判断一个物品的生物杀灭功能是否为主要生物杀灭功能?

一个处理物品可能具有一个或多个功能，其中生物杀灭功能较其他功能来说是最主要的功能，这时候就认为该处理物品具有主要生物杀灭功能。判断一个物品的生物杀灭功能是否为主要生物杀灭功能需要具体案例具体分析，需要综合考虑物品的所有属性、功能以及其预期用途。

5. 如何理解处理物品标签上关于“生物杀灭属性的声明”?

该声明需要说明:处理物品对预防某有害生物具有一定的功效或者在某种程度上可以预防某有害生物。

6. 处理物品标签制作的合规要求是否有截止期?

2013年9月1日已经存在于市场的处理物品,如果满足BPR第58条(3),必须在2013年9月1日前履行标签制作的合规要求。

7. BPR第95条是否适用于处理物品?

BPR第95条中对可选择的供应商的要求不适用于处理物品中的活性物质,也就是说混合物/物品被含有某活性物质的生物杀灭剂产品处理,该活性物质的供应商不一定向ECHA提交了卷宗或LoA。BPR第95条仅适用于已投放欧盟市场的生物杀灭剂产品中含有的活性物质,或者有意用于生物杀灭剂产品中的活性物质。

8. 什么是关于生物杀灭属性的声明?

根据BPR第58条(3),该声明含有以下两点说明:

(1)处理物品可以在某种程度上预防不想要的生物,这种情况下声明通常涉及的是处理物品的生物杀灭属性,或者

(2)处理物品对预防某种不想要的生物有一定的功效或行为,这种情况下声明通常涉及的是处理物品的生物杀灭功能。

9. 哪些情况下需要制作标签?

(1)含有生物杀灭剂产品或用生物杀灭剂处理的物品,其生产商对物品的生物杀灭属性进行了声明;或者

(2)生物杀灭剂处理物品中含有的活性物质有可能与人类接触或者释放到环境中,因此需要满足活性物质的批准条件。

10. 如果某物品被生物杀灭剂产品处理,该生物杀灭剂产品含有不止一个活性物质,那么标签上是否需要列出所有活性物质的名称?

如果某物品被生物杀灭剂产品处理,该生物杀灭剂产品含有不止一个活性物质,那么标签上只需涉及与声明的生物杀灭属性相关的或者批准条件所要求的活性物质即可。

11. 生物杀灭属性的声明有无位置要求?

对于要求制作标签的情况，BPR并没有明确声明应该放在哪里。比如：市场上某物品没有提到生物杀灭属性，但是在提供的技术资料中提到该物品被生物杀灭剂产品处理过以赋予其一个生物杀灭属性。这种情况下，关于生物杀灭剂属性的声明是作为物品技术说明中的一部分，同样会触发标签要求。

12. 处理物品标签有无位置要求？

关于标签的位置需要具体案例具体分析，取决于处理物品的个体特征。BPR第58条(6)中说明如果可能的话标签须贴在物品本身，但是提到“由于处理物品的尺寸或功能，标签可以印在包装上、使用说明书上或保证书上，除非成员国有其他要求”。

# 附录Ⅰ BPR法规常见缩写语汇总

| 英文缩写 | 英文名称 | 中文名称 |
|---|---|---|
| BPR | Regulation (EU) No 528/2012 of the European Parliament and of the Council of 22 May 2012 concerning the making available on the market and use of biocidal products | 生物杀灭剂法规 |
| BPD | Directive 98/8/EC of the European Parliament and of the Council of 16 February 1998 concerning the placing of biocidal products on the market | 生物杀灭剂指令 |
| REACH | Regulation (EC) No 1907/2006 of the European Parliament and of the Council of 18 December 2006 | REACH 法规 |
| ECHA | European Chemicals Agency | 欧洲化学品管理署 |
| EC | European Commission | 欧盟委员会 |
| BPC | Biocidal Product Committee | 生物杀灭剂委员会 |
| R4BP | Register for Biocidal Products | 生物杀灭剂注册 |
| AS | Active Substance | 活性物质 |
| BP | Biocidal Product | 生物杀灭剂 |
| TA | Treated Article | 处理物品 |
|  | Union authorisation | 统一授权 |
|  | National authorisation | 成员国授权 |
|  | Mutual recognition | 互认 |
|  | Simplified authorisation | 简易授权 |
| PT | Product Type | 产品类型 |
| SPC | Summary of biocidal product characteristics | 生物杀灭剂产品特性摘要 |
| LoA | Letter of Access | 数据引用权 |
| SDS | Safety data sheet | 安全数据表 |

# 附录Ⅱ 欧盟已批准活性物质产品类型清单

| 活性物质 | 产品类型(PT) | EC 号 | CAS 号 |
|---|---|---|---|
| (Z,E)-tetradeca-9, 12-dienyl acetate (ZE-TDA) | 19 | Not applicable | 30507-70-1 |
| 1R-trans phenothrin | 18 | 247-431-2 | 26046-85-5 |
| 4,5-Dichloro- 2-octyl-2H- isothiazol-3- one (DCOIT) | 8 | 264-843-8 | 64359-81-5 |
| Abamectin | 18 | 265-610-3 | 71751-41-2 |
| Acrolein | 12 | 203-453-4 | 107-02-8 |
| Alkyl ( C12-16 ) dimethylbenzyl ammonium chloride-C12-16 ADBAC | 8 | 270-325-2 | 68424-85-1 |
| Alphachloralose | 14 | 240-016-7 | 15879-93-3 |
| Aluminium phosphide releasing phosphine | 14 | 244-088-0 | 20859-73-8 |
| Aluminium phosphide releasing phosphine | 18 | 244-088-0 | 20859-73-8 |
| Aluminium phosphide releasing phosphine | 20 | 244-088-0 | 20859-73-8 |
| Bacillus thuringiensis subsp. israelensis Serotype H14, Strain AM65-52 | 18 | Micro-organism | Not applicable |
| Basic copper carbonate | 8 | 235-113-6 | 12069-69-1 |
| Bendiocarb | 18 | 245-216-8 | 22781-23-3 |
| Benzoic acid | 3 | 200-618-2 | 65-85-0 |
| Benzoic acid | 4 | 200-618-2 | 65-85-0 |
| Bifenthrin | 8 | Plant protection product | 82657-04-3 |
| Boric acid | 8 | 233-139-2 | 10043-35-3 |
| Boric oxide | 8 | 215-125-8 | 1303-86-2 |
| Brodifacoum | 14 | 259-980-5 | 56073-10-0 |

续 表

| 活性物质 | 产品类型(PT) | EC 号 | CAS 号 |
| --- | --- | --- | --- |
| Bromadiolone | 14 | 249-205-9 | 28772-56-7 |
| Bromoacetic acid | 4 | 201-175-8 | 79-08-3 |
| Carbon dioxide | 14 | 204-696-9 | 124-38-9 |
| Carbon dioxide | 18 | 204-696-9 | 124-38-9 |
| Chlorfenapyr | 8 | Plant protection product | 122453-73-0 |
| Chlorophacinone | 14 | 223-003-0 | 3691-35-8 |
| cis-Tricos-9-ene | 19 | 248-505-7 | 27519-02-4 |
| Clothianidin | 8 | 433-460-1 | 210880-92-5 |
| Copper (II) oxide | 8 | 215-269-1 | 1317-38-0 |
| Copper hydroxide | 8 | 243-815-9 | 20427-59-2 |
| Copper sulphate pentahydrate | 2 | 231-847-6 | 7758-98-7 |
| Coumatetralyl | 14 | 227-424-0 | 5836-29-3 |
| Creosote | 8 | 232-287-5 | 8001-58-9 |
| Cypermethrin | 8 | 257-842-9 | 52315-07-8 |
| Dazomet | 8 | 208-576-7 | 533-74-4 |
| DDACarbonate | 8 | Not applicable | 894406-76-9 |
| Deltamethrin | 18 | 258-256-6 | 52918-63-5 |
| Dichlofluanid | 8 | 214-118-7 | 1085-98-9 |
| Didecyldimethylammonium Chloride (DDAC) | 8 | 230-525-2 | 7173-51-5 |
| Difenacoum | 14 | 259-978-4 | 56073-07-5 |
| Difethialone | 14 | Plant protection product | 104653-34-1 |
| Diflubenzuron | 18 | 252-529-3 | 35367-38-5 |
| Disodium octaborate tetrahydrate | 8 | 234-541-0 | 12280-03-4 |
| Disodium tetraborate | 8 | 215-540-4 | 12267-73-1 |
| Disodium tetraborate | 8 | 215-540-4 | 1303-96-4 |
| Disodium tetraborate | 8 | 215-540-4 | 1330-43-4 |
| Etofenprox | 8 | 407-980-2 | 80844-07-1 |
| Etofenprox | 18 | 407-980-2 | 80844-07-1 |
| Fenoxycarb | 8 | 276-696-7 | 72490-01-8 |

续 表

| 活性物质 | 产品类型(PT) | EC 号 | CAS 号 |
|---|---|---|---|
| Fenpropimorph | 8 | 266-719-9 | 67564-91-4 |
| Fipronil | 18 | 424-610-5 | 120068-37-3 |
| Flocoumafen | 14 | 421-960-0 | 90035-08-8 |
| Flufenoxuron | 8 | 417-680-3 | 101463-69-8 |
| Hydrochloric acid | 2 | 231-595-7 | Not applicable |
| Hydrogen cyanide | 8 | 200-821-6 | 74-90-8 |
| Hydrogen cyanide | 14 | 200-821-6 | 74-90-8 |
| Hydrogen cyanide | 18 | 200-821-6 | 74-90-8 |
| Imidacloprid | 18 | 428-040-8 | 138261-41-3 |
| Indoxacarb (enantiomeric reaction mass S∶R 75∶25) | 18 | Not applicable | Not applicable |
| IPBC | 6 | 259-627-5 | 55406-53-6 |
| IPBC | 8 | 259-627-5 | 55406-53-6 |
| K-HDO | 8 | Not applicable | 66603-10-9 |
| Lambda cyhalothrin | 18 | 415-130-7 | 91465-08-6 |
| Magnesium phosphide releasing phosphine | 18 | 235-023-7 | 12057-74-8 |
| Margosa extract | 18 | 283-644-7 | 84696-25-3 |
| Methyl nonyl ketone | 19 | 203-937-5 | 112-12-9 |
| Metofluthrin | 18 | Not applicable | Not applicable |
| N,N-diethyl- meta-toluamide (DEET) | 19 | 205-149-7 | 134-62-3 |
| Nitrogen | 18 | 231-783-9 | 7727-37-9 |
| Nonanoic acid, Pelargonic acid | 2 | 203-931-2 | 112-05-0 |
| Nonanoic acid, Pelargonic acid | 19 | 203-931-2 | 112-05-0 |
| Powdered corn cob | 14 | Not applicable | Not applicable |
| Propiconazole | 8 | 262-104-4 | 60207-90-1 |
| Propiconazole | 9 | 262-104-4 | 60207-90-1 |
| Pyriproxyfen | 18 | 429-800-1 | 95737-68-1 |
| Spinosad | 18 | 434-300-1 | 168316-95-8 |
| Sulfuryl fluoride | 8 | 220-281-5 | 2699-79-8 |
| Sulfuryl fluoride | 18 | 220-281-5 | 2699-79-8 |
| Tebuconazole | 7 | 403-640-2 | 107534-96-3 |

**续 表**

| 活性物质 | 产品类型(PT) | EC 号 | CAS 号 |
|---|---|---|---|
| Tebuconazole | 8 | 403-640-2 | 107534-96-3 |
| Tebuconazole | 10 | 403-640-2 | 107534-96-3 |
| Thiabendazole | 8 | 205-725-8 | 148-79-8 |
| Thiacloprid | 8 | Not applicable | 111988-49-9 |
| Thiamethoxam | 8 | 428-650-4 | 153719-23-4 |
| Thiamethoxam | 18 | 428-650-4 | 153719-23-4 |
| Tolylfluanid | 8 | 211-986-9 | 731-27-1 |
| Warfarin | 14 | 201-377-6 | 81-81-2 |
| Warfarin sodium | 14 | 204-929-4 | 129-06-6 |

注:以上列表为截至 2016 年 8 月 4 日数据

# 附录Ⅲ　部分欧盟禁、限用活性物质清单

**PT 2-私人区域和公共区域消毒剂及其他生物灭杀剂**

| 活性物质 | EC 号 | CAS 号 |
| --- | --- | --- |
| Bis [ 1-cyclohexyl-1, 2-di ( hydroxy-. kappa. O ) diazeniumato (2-)]- copper | | 312600-89-8 |
| Benzoic acid | 200-618-2 | 65-85-0 |
| 1,3-dibromo-5,5-dimethylhydantoin | 201-030-9 | 77-48-5 |
| Citric acid | 201-069-1 | 77-92-9 |
| Chloroxylenol | 201-793-8 | 88-04-0 |
| Dichlorophen | 202-567-1 | 97-23-4 |
| Triclocarban | 202-924-1 | 101-20-2 |
| m-Cresol | 203-577-9 | 108-39-4 |
| Hexa-2,4-dienoic acid / Sorbic acid | 203-768-7 | 110-44-1 |
| 1,3-dichloro-5,5-dimethylhydantoin | 204-258-7 | 118-52-5 |
| Benzyl benzoate | 204-402-9 | 120-51-4 |
| Nitromethylidynetrimethanol | 204-769-5 | 126-11-4 |
| Potassium dimethyldithiocarbamate | 204-875-1 | 128-03-0 |
| Sodium dimethyldithiocarbamate | 204-876-7 | 128-04-1 |
| Thiram | 205-286-2 | 137-26-8 |
| Ziram | 205-288-3 | 137-30-4 |
| Potassium methyldithiocarbamate | 205-292-5 | 137-41-7 |
| Metam-sodium | 205-293-0 | 137-42-8 |
| Disodium cyanodithiocarbamate | 205-346-8 | 138-93-2 |
| 1,3-bis(hydroxymethyl)urea | 205-444-0 | 140-95-4 |
| Nabam | 205-547-0 | 142-59-6 |

续 表

| 活性物质 | EC 号 | CAS 号 |
| --- | --- | --- |
| Thiabendazole | 205-725-8 | 148-79-8 |
| Benzothiazole-2-thiol | 205-736-8 | 149-30-4 |
| Sodium benzoate | 208-534-8 | 532-32-1 |
| Phthalaldehyde | 211-402-2 | 643-79-8 |
| Hydroxyl-2-pyridone | 212-506-0 | 822-89-9 |
| 2,6-dimethyl-1,3-dioxan-4-yl acetate | 212-579-9 | 828-00-2 |
| 4,5-dichloro-3H-1,2-dithiol-3-one | 214-754-5 | 1192-52-5 |
| Disodium tetraborate, anhydrous | 215-540-4 | 1330-43-4 |
| 2,4-dichlorobenzyl alcohol | 217-210-5 | 1777-82-8 |
| 2-bromo-1-(4-hydroxyphenyl)ethan-1-one | 219-655-0 | 2491-38-5 |
| 2-methyl-2H-isothiazol-3-one | 220-239-6 | 2682-20-4 |
| Mecetronium ethyl sulphate | 221-106-5 | 3006-10-8 |
| Sodium 2,4,6-trichlorophenolate | 223-246-2 | 3784-03-0 |
| 2,2',2"-(hexahydro-1,3,5-triazine-1,3,5-triyl)triethanol | 225-208-0 | 4719-04-4 |
| Terbuthylazine | 227-637-9 | 5915-41-3 |
| Methylene dithiocyanate | 228-652-3 | 6317-18-6 |
| 1,3-bis(hydroxymethyl)-5,5-dimethylimidazolidine-2,4-dione | 229-222-8 | 6440-58-0 |
| Copper | 231-159-6 | 7440-50-8 |
| Sulphur dioxide | 231-195-2 | 7446-09-5 |
| Iodine | 231-442-4 | 7553-56-2 |
| Sodium hydrogensulphite | 231-548-0 | 7631-90-5 |
| Disodium disulphite | 231-673-0 | 7681-57-4 |
| Sodium sulphite | 231-821-4 | 7757-83-7 |
| Sodium chlorite | 231-836-6 | 7758-19-2 |
| Sodium chlorate | 231-887-4 | 7775-09-9 |
| Lignin | 232-682-2 | 9005-53-2 |
| Boric acid | 233-139-2 | 10043-35-3 |
| Potassium sulphite | 233-321-1 | 10117-38-1 |
| Sodium hydrogen 2,2'methylenebis[4-chlorophenolate] | 233-457-1 | 10187-52-7 |
| Disodium octaborate tetrahydrate | 234-541-0 | 12280-03-4 |

续 表

| 活性物质 | EC 号 | CAS 号 |
|---|---|---|
| Ammonium bromide | 235-183-8 | 12124-97-9 |
| Dodecylguanidine monohydrochloride | 237-030-0 | 13590-97-1 |
| Bromine chloride | 237-601-4 | 13863-41-7 |
| (benzyloxy)methanol | 238-588-8 | 14548-60-8 |
| Dipotassium disulphite | 240-795-3 | 16731-55-8 |
| (benzothiazol-2-ylthio)methyl thiocyanate | 244-445-0 | 21564-17-0 |
| Potassium (E,E)-hexa-2,4-dienoate | 246-376-1 | 24634-61-5 |
| 1-[ 2-( allyloxy )-2-( 2, 4-dichlorophenyl ) ethyl ]-1H-imidazole / Imazalil | 252-615-0 | 35554-44-0 |
| Mixture of cis- and trans-p-menthane-3,8 diol / Citriodiol | 255-953-7 | 42822-86-6 |
| m-phenoxybenzyl 3-(2,2-dichlorovinyl)-2,2- dimethylcyclopropanecarbo-xylate / Permethrin | 258-067-9 | 52645-53-1 |
| 1-[[2-(2,4-dichlorophenyl)-4-propyl-1,3-dioxolan-2- yl]methyl]-1H-1,2,4-triazole / Propiconazole | 262-104-4 | 60207-90-1 |
| N-cyclopropyl-1,3,5-triazine-2,4,6-triamine | 266-257-8 | 66215-27-8 |
| 1,3-didecyl-2-methyl-1H-imidazolium chloride | 274-948-0 | 70862-65-6 |
| Tributyltetradecylphosphonium chloride | 279-808-2 | 81741-28-8 |
| Tar acids, polyalkylphenol fraction | 284-893-4 | 84989-05-9 |
| Melaleuca alternifolia, ext. / Australian Tea Tree Oil | 285-377-1 | 85085-48-9 |
| Urea, N,N'-bis(hydroxymethyl)-, reaction products with 2-(2-butoxyethoxy)ethanol, ethylene glycol and formaldehyde | 292-348-7 | 90604-54-9 |
| Quaternary ammonium compounds, [2-[[2-[(2- carboxyethyl)(2-hydroxyethyl) amino] ethyl] amino]-2- oxoethyl] coco alkyldimethyl, hydroxides, inner salts | 309-206-8 | 100085-64-1 |
| 1,3-dichloro-5-ethyl-5-methylimidazolidine-2,4-dione | 401-570-7 | 89415-87-2 |
| 3-phenoxybenzyl-2-( 4-ethoxyphenyl )-2-methylpropylether / Etofenprox | 407-980-2 | 80844-07-1 |
| Bis(3-aminopropyl)octylamine | 433-340-7 | 86423-37-2 |
| Bacillus thuringiensis subsp. Israelensis Serotype H14 | Micro- organism | |
| Bacillus sphaericus | Micro- organism | 143447-72-7 |
| Potassium salts of fatty acids (C15-21) | Mixture | |

续 表

| 活性物质 | EC 号 | CAS 号 |
|---|---|---|
| Mixture of 1-phenoxypropan-2-ol (EINECS 212-222-7) and 2-phenoxypropanol (EINECS 224-027-4) | Mixture | |
| Quaternary ammonium iodides | Mixture | 308074-50-2 |
| Pine oil | Natural oil | 8002-09-3 |
| Guazatine triacetate | Plant protection product | 115044-19-4 |
| 3-phenoxybenzyl (1R)-cis,trans-2,2-dimethyl-3-(2-methylprop- 1-enyl)cyclopropanecarboxylate / d-Phenothrin | Plant protection product | 188023-86-1 |
| (±)-1-(. beta.-allyloxy-2, 4-dichlorophenylethyl) imidazole / Technical grade imazalil | Plant protection product | 73790-28-0 |
| N-Didecyl-N-dipolyethoxyammonium borate / Didecylpolyoxethylammonium borate | Polymer | 214710-34-6 |
| Polyvinylpyrrolidone iodine | Polymer | 25655-41-8 |
| Homopolymer of 2-tert-butylaminoethyl methacrylate (EINECS 223-228-4) | Polymer | 26716-20-1 |
| N, N, N', N'-Tetramethylethylenediaminebis (2-chloroethyl) ether copolymer | Polymer | 31075-24-8 |
| Oligo(2-(2-ethoxy)ethoxyethylguanidinium chloride) | Polymer | 374572-91-5 |
| Poly(hexamethylendiamine guanidinium chloride) | Polymer | 57028-96-3 |

**PT 6-贮存防腐剂**

| 活性物质 | EC 号 | CAS 号 |
|---|---|---|
| Bis [1-cyclohexyl-1, 2-di (hydroxy-. kappa. O) diazeniumato (2-)]-copper | | 312600-89-8 |
| Cyclohexylhydroxydiazene 1-oxide, potassium salt | | 66603-10-9 |
| Formaldehyde | 200-001-8 | 50-00-0 |
| Ethanol | 200-578-6 | 64-17-5 |
| Benzoic acid | 200-618-2 | 65-85-0 |
| Propan-2-ol | 200-661-7 | 67-63-0 |
| Salicylic acid | 200-712-3 | 69-72-7 |
| 2-chloroacetamide | 201-174-2 | 79-07-2 |
| Symclosene | 201-782-8 | 87-90-1 |

续 表

| 活性物质 | EC 号 | CAS 号 |
|---|---|---|
| Chloroxylenol | 201-793-8 | 88-04-0 |
| Dichlorophen | 202-567-1 | 97-23-4 |
| Glyoxal | 203-474-9 | 107-22-2 |
| Clorophene | 204-385-8 | 120-32-1 |
| Cetylpyridinium chloride | 204-593-9 | 123-03-5 |
| Nitromethylidynetrimethanol | 204-769-5 | 126-11-4 |
| Tosylchloramide sodium | 204-854-7 | 127-65-1 |
| Potassium dimethyldithiocarbamate | 204-875-1 | 128-03-0 |
| Sodium dimethyldithiocarbamate | 204-876-7 | 128-04-1 |
| Captan | 205-087-0 | 133-06-2 |
| N-(trichloromethylthio)phthalimide / Folpe | 205-088-6 | 133-07-3 |
| Thiram | 205-286-2 | 137-26-8 |
| Ziram | 205-288-3 | 137-30-4 |
| Metam-sodium | 205-293-0 | 137-42-8 |
| 1,3-bis(hydroxymethyl)urea | 205-444-0 | 140-95-4 |
| Nabam | 205-547-0 | 142-59-6 |
| Thiabendazole | 205-725-8 | 148-79-8 |
| Diuron | 206-354-4 | 330-54-1 |
| Sodium benzoate | 208-534-8 | 532-32-1 |
| Phthalaldehyde | 211-402-2 | 643-79-8 |
| Hydroxyl-2-pyridone | 212-506-0 | 822-89-9 |
| 2,6-dimethyl-1,3-dioxan-4-yl acetate | 212-579-9 | 828-00-2 |
| 4,5-dichloro-3H-1,2-dithiol-3-one | 214-754-5 | 1192-52-5 |
| 2,4-dichlorobenzyl alcohol | 217-210-5 | 1777-82-8 |
| Chlorothalonil | 217-588-1 | 1897-45-6 |
| Fluometuron | 218-500-4 | 2164-17-2 |
| 4-(2-nitrobutyl)morpholine | 218-748-3 | 2224-44-4 |
| 2-bromo-1-(4-hydroxyphenyl)ethan-1-one | 219-655-0 | 2491-38-5 |
| Troclosene sodium | 220-767-7 | 2893-78-9 |
| Sodium dichloroisocyanurate dihydrate | 220-767-7 | 51580-86-0 |

续 表

| 活性物质 | EC 号 | CAS 号 |
|---|---|---|
| Bis(trichloromethyl) sulphone | 221-310-4 | 3064-70-8 |
| Sodium 2,4,6-trichlorophenolate | 223-246-2 | 3784-03-0 |
| Methylene dithiocyanate | 228-652-3 | 6317-18-6 |
| (2-bromo-2-nitrovinyl)benzene | 230-515-8 | 7166-19-0 |
| Prometryn | 230-711-3 | 7287-19-6 |
| Sulphur dioxide | 231-195-2 | 7446-09-5 |
| Calcium dihexa-2,4-dienoate | 231-321-6 | 7492-55-9 |
| Iodine | 231-442-4 | 7553-56-2 |
| Sodium hydrogensulphite | 231-548-0 | 7631-90-5 |
| Sodium bromide | 231-599-9 | 7647-15-6 |
| Sodium hypochlorite | 231-668-3 | 7681-52-9 |
| Disodium disulphite | 231-673-0 | 7681-57-4 |
| Sodium sulphite | 231-821-4 | 7757-83-7 |
| Lignin | 232-682-2 | 9005-53-2 |
| Boric acid | 233-139-2 | 10043-35-3 |
| Potassium sulphite | 233-321-1 | 10117-38-1 |
| Sodium hydrogen 2,2'methylenebis[4-chlorophenolate | 233-457-1 | 10187-52-7 |
| Carbendazim | 234-232-0 | 10605-21-7 |
| Disodium octaborate tetrahydrate | 234-541-0 | 12280-03-4 |
| Ammonium bromide | 235-183-8 | 12124-97-9 |
| Chlorotoluron | 239-592-2 | 15545-48-9 |
| Dipotassium disulphite | 240-795-3 | 16731-55-8 |
| D-gluconic acid, compound with N,N ''-bis(4-chlorophenyl)-3,12-diimino-2,4,11,13-tetraazatetradecanediamidine (2 : 1) | 242-354-0 | 18472-51-0 |
| (benzothiazol-2-ylthio)methyl thiocyanate | 244-445-0 | 21564-17-0 |
| Bromochloro-5,5-dimethylimidazolidine-2,4-dione | 251-171-5 | 32718-18-6 |
| 3-(4-isopropylphenyl)-1,1-dimethylurea / Isoproturon | 251-835-4 | 34123-59-6 |
| 4,5-dichloro-2-octyl-2H-isothiazol-3-one | 264-843-8 | 64359-81-5 |
| Cis-4-[3-(p-tert-butylphenyl)-2-methylpropyl]-2,6-dimethylmorpholine / Fenpropimorph | 266-719-9 | 67564-91-4 |

续　表

| 活性物质 | EC 号 | CAS 号 |
| --- | --- | --- |
| Quaternary ammonium compounds, benzyl-C12-18-alkyldimethyl, chlorides | 269-919-4 | 68391-01-5 |
| Quaternary ammonium compounds, benzyl-C12-16-alkyldimethyl, chlorides | 270-325-2 | 68424-85-1 |
| 1,3-didecyl-2-methyl-1H-imidazolium chloride | 274-948-0 | 70862-65-6 |
| 1-[1, 3-bis (hydroxymethyl)-2, 5-dioxoimidazolidin-4-yl]-1, 3-bis (hydroxymethyl) urea / Diazolidinylurea | 278-928-2 | 78491-02-8 |
| Quaternary ammonium compounds, benzyl-C12-14-alkyldimethyl, chlorides | 287-089-1 | 85409-22-9 |
| Quaternary ammonium compounds, C12-14-alkyl[(ethylphenyl) methyl]dimethyl, chlorides | 287-090-7 | 85409-23-0 |
| Urea, N,N'-bis(hydroxymethyl)-, reaction products with 2-(2-butoxyethoxy)ethanol, ethylene glycol and formaldehyde | 292-348-7 | 90604-54-9 |
| Quaternary ammonium compounds, [2-[[2-[(2-carboxyethyl)(2-hydroxyethyl)amino]ethyl]amino]-2-oxoethyl]coco alkyldimethyl, hydroxides, inner salts | 309-206-8 | 100085-64-1 |
| Mixture of: (C8-18) alkylbis (2-hydroxyethyl) ammonium bis (2-ethylhexyl) phosphate; (C8-18) alkylbis(2-hydroxyethyl) ammonium 2-ethylhexylhydrogenphosphate | 404-690-8 | 68132-19-4 |
| 5-chloro-2-(4-chlorphenoxy)phenol | 429-290-0 | 3380-30-1 |
| 3-benzo(b)thien-2-yl-5,6-dihydro-1,4,2-oxathiazine,4-oxide | 431-030-6 | 163269-30-5 |
| Reaction products of diisopropanolamine with formaldehyde(1 : 4) | 432-440-8 | 220444-73-5 |
| Mixture of 1-phenoxypropan-2-ol (EINECS 212-222-7) and 2-phenoxypropanol (EINECS 224-027-4) | Mixture | |
| Amines, n-C10-16-alkyltrimethylenedi-, reaction products with chloroacetic acid | Mixture | 139734-65-9 |
| Quaternary ammonium iodides | Mixture | 308074-50-2 |
| Quaternary ammonium compounds (benzylalkyldimethyl (alkyl from C8-C22, saturated and unsaturated, tallow alkyl, coco alkyl, and soya alkyl) chlorides, bromides, or hydroxides) / BKC | Mixture of EINECS listed substances | |
| Quaternary ammonium compounds (dialkyldimethyl (alkyl from C6-C18, saturated and unsaturated, and tallow alkyl, coco alkyl, and soya alkyl) chlorides, bromides, or methylsulphates) / DDAC | Mixture of EINECS listed substances | |
| Silver phosphate glass (initially notified under 'Silver-zincaluminium-boronphosphate glass / Glass oxide, silver- and zinc-containing | Not yet allocated | 7-47-9 and 3080 |

续 表

| 活性物质 | EC 号 | CAS 号 |
|---|---|---|
| Mixture of 5-Hydroxymethoxymethyl-1-aza-3, 7-dioxabicyclo (3. 3. 0)octane (CAS 59720-42-2, 16. 0 %) and 5-Hydroxy-1-aza-3,7-dioxabicyclo(3. 3. 0) octane (EINECS 229-457-6, 28. 8 %), and 5-Hydroxypoly[methyleneoxy]methyl-1-aza-3,7-dioxabicyclo(3. 3. 0)octane (CAS 567 | Plant protection product | |
| 4-Bromo-2-(4-chlorophenyl)-1-(ethoxymethyl)-5-(trifluoromethyl)-1H-pyrrole-3-carbonitrile / Chlorfenapyr | Plant protection product | 122453-73-0 |
| Aluminium sodium silicate-silver complex / Silver zeolite | Plant protection product | 130328-18-6 |
| Aluminium sodium silicate-silver zinc complex / Silver-Zinc-Zeolite | Plant protection product | 130328-20-0 |
| [1. alpha. (S * ), 3. alpha. ]-(. alpha. )-cyano-(3-phenoxyphenyl) methyl 3-( 2, 2-dichloroethenyl )-2. 2-dichlorovinyl )-2, 2-dimethylcyclopropanecarboxylate / alpha-Cypermethrin | Plant protection product | 67375-30-8 |
| Copolymer of 2-propenal and propane-1,2-diol | Polymer | 191546-07-3 |
| N-Didecyl-N-dipolyethoxyammonium borate / Didecylpolyoxethylammonium borate | Polymer | 214710-34-6 |
| Polyvinylpyrrolidone iodine | Polymer | 25655-41-8 |
| Homopolymer of 2-tert-butylaminoethyl methacrylate (EINECS 223-228-4) | Polymer | 26716-20-1 |
| Oligo(2-(2-ethoxy)ethoxyethylguanidinium chloride) | Polymer | 374572-91-5 |
| Poly(hexamethylendiamine guanidinium chloride) | Polymer | 57028-96-3 |
| Poly(oxy-1, 2-ethanediyl), . alpha. -[2-(didecylmethylammonio) ethyl]- . omega. -hydroxy-, propanoate(salt) | Polymer | 94667-33-1 |

**PT 8-木材防腐剂**

| 活性物质 | EC 号 | CAS 号 |
|---|---|---|
| Bis(tributyltin) oxide | 200-268-0 | 56-35-9 |
| Ethanol | 200-578-6 | 64-17-5 |
| Formic acid | 200-579-1 | 64-18-6 |
| Propan-2-ol | 200-661-7 | 67-63-0 |
| L-(+)-lactic acid | 201-196-2 | 79-33-4 |
| Hexa-2,4-dienoic acid / Sorbic acid | 203-768-7 | 110-44-1 |

续 表

| 活性物质 | EC 号 | CAS 号 |
|---|---|---|
| Fenitrothion | 204-524-2 | 122-14-5 |
| Cetylpyridinium chloride | 204-593-9 | 123-03-5 |
| Sodium pentachlorophenolate | 205-025-2 | 131-52-2 |
| Benzothiazole-2-thiol | 205-736-8 | 149-30-4 |
| Diarsenic pentaoxide | 215-116-9 | 1303-28-2 |
| Zinc oxide | 215-222-5 | 1314-13-2 |
| Dicopper oxide | 215-270-7 | 1317-39-1 |
| Chromium trioxide | 215-607-8 | 1333-82-0 |
| Naphthenic acids, copper salts | 215-657-0 | 1338-02-9 |
| Chlorothalonil | 217-588-1 | 1897-45-6 |
| Calcium dihexa-2,4-dienoate | 231-321-6 | 7492-55-9 |
| Iodine | 231-442-4 | 7553-56-2 |
| Copper sulphate | 231-847-6 | 7758-98-7 |
| Lignin | 232-682-2 | 9005-53-2 |
| Oxine-copper | 233-841-9 | 10380-28-6 |
| Sodium dichromate | 234-190-3 | 10588-01-9 |
| Trimagnesium diphosphide | 235-023-7 | 12057-74-8 |
| Hexaboron dizinc undecaoxide / Zinc borate | 235-804-2 | 12767-90-7 |
| Dodecylguanidine monohydrochloride | 237-030-0 | 13590-97-1 |
| Hexafluorosilicic acid | 241-034-8 | 16961-83-4 |
| Aluminium phosphide | 244-088-0 | 20859-73-8 |
| 2-octyl-2H-isothiazol-3-one | 247-761-7 | 26530-20-1 |
| 1-[ 2-( allyloxy )-2-( 2, 4-dichlorophenyl ) ethyl ]-1H-imidazole / Imazalil | 252-615-0 | 35554-44-0 |
| . alpha. -cyano-3-phenoxybenzyl [1R-[1. alpha. (S * ),3. alpha. ]]-3-(2,2-dibromovinyl)-2,2-dimethylcyclopropanecarboxylate / Deltamethrin | 258-256-6 | 52918-63-5 |
| . alpha. -cyano-4-fluoro-3-phenoxybenzyl 3-(2,2-dichlorovinyl)- 2,2-dimethylcyclopropanecarboxylate / Cyfluthrin | 269-855-7 | 68359-37-5 |
| Quaternary ammonium compounds, benzyl-C12-18- alkyldimethyl, chlorides | 269-919-4 | 68391-01-5 |

续 表

| 活性物质 | EC 号 | CAS 号 |
|---|---|---|
| Quaternary ammonium compounds, di-C8-10-alkyldimethyl, chlorides | 270-331-5 | 68424-95-3 |
| Margosa ext. | 283-644-7 | 84696-25-3 |
| Stannane, tributyl-, mono(naphthenoyloxy) derivs. | 287-083-9 | 85409-17-2 |
| Quaternary ammonium compounds, benzyl-C12-14- alkyldimethyl, chlorides | 287-089-1 | 85409-22-9 |
| Quaternary ammonium compounds, C12-14- alkyl [(ethylphenyl) methyl]dimethyl, chlorides | 287-090-7 | 85409-23-0 |
| Fipronil | 424-610-5 | 120068-37-3 |
| 3-benzo(b)thien-2-yl-5,6-dihydro-1,4,2-oxathiazine,4-oxide | 431-030-6 | 163269-30-5 |
| Guazatine triacetate | Plant protection product | 115044-19-4 |
| Esfenvalerate / (S)-. alpha. -Cyano-3-phenoxybenzyl (S)-2-(4-chlorophenyl)-3-methylbutyrate | Plant protection product | 66230-04-4 |
| [1. alpha. (S *), 3. alpha. ]-(. alpha. )-cyano-(3-phenoxyphenyl) methyl 3-(2, 2-dichloroethenyl )-2. 2-dichlorovinyl )-2, 2-dimethylcyclopropanecarboxylate / alpha-Cypermethrin | Plant protection product | 67375-30-8 |
| (±)-1-(. beta. -allyloxy-2, 4-dichlorophenylethyl) imidazole / Technical grade imazalil | Plant protection product | 73790-28-0 |
| Homopolymer of 2-tert-butylaminoethyl methacrylate (EINECS 223-228-4) | Polymer | 26716-20-1 |

**PT 9-纤维、皮革、橡胶和聚合物防腐剂**

| 活性物质 | EC 号 | CAS 号 |
|---|---|---|
| Cyclohexylhydroxydiazene 1-oxide, potassium salt | | 66603-10-9 |
| Formaldehyde | 200-001-8 | 50-00-0 |
| Diphenoxarsin-10-yl oxide | 200-377-3 | 58-36-6 |
| Ethanol | 200-578-6 | 64-17-5 |
| Formic acid | 200-579-1 | 64-18-6 |
| Propan-2-ol | 200-661-7 | 67-63-0 |
| 2-chloroacetamide | 201-174-2 | 79-07-2 |
| Symclosene | 201-782-8 | 87-90-1 |

续　表

| 活性物质 | EC 号 | CAS 号 |
| --- | --- | --- |
| Dichlorophen | 202-567-1 | 97-23-4 |
| Hexa-2,4-dienoic acid / Sorbic acid | 203-768-7 | 110-44-1 |
| Glutaral | 203-856-5 | 111-30-8 |
| Cetylpyridinium chloride | 204-593-9 | 123-03-5 |
| Tosylchloramide sodium | 204-854-7 | 127-65-1 |
| Captan | 205-087-0 | 133-06-2 |
| Ziram | 205-288-3 | 137-30-4 |
| Potassium methyldithiocarbamate | 205-292-5 | 137-41-7 |
| Disodium cyanodithiocarbamate | 205-346-8 | 138-93-2 |
| 1,3-bis(hydroxymethyl)urea | 205-444-0 | 140-95-4 |
| Nabam | 205-547-0 | 142-59-6 |
| Benzothiazole-2-thiol | 205-736-8 | 149-30-4 |
| Dazomet | 208-576-7 | 533-74-4 |
| Hydroxyl-2-pyridone | 212-506-0 | 822-89-9 |
| 4,5-dichloro-3H-1,2-dithiol-3-one | 214-754-5 | 1192-52-5 |
| Zinc sulphide | 215-251-3 | 1314-98-3 |
| Disodium tetraborate, anhydrous | 215-540-4 | 1330-43-4 |
| 2-Butanone, peroxide | 215-661-2 | 1338-23-4 |
| 2,4-dichlorobenzyl alcohol | 217-210-5 | 1777-82-8 |
| Chlorothalonil | 217-588-1 | 1897-45-6 |
| Fluometuron | 218-500-4 | 2164-17-2 |
| N-(3-aminopropyl)-N-dodecylpropane-1,3-diamine | 219-145-8 | 2372-82-9 |
| Tolnaftate | 219-266-6 | 2398-96-1 |
| 2-bromo-1-(4-hydroxyphenyl)ethan-1-one | 219-655-0 | 2491-38-5 |
| 2,2'-dithiobis[N-methylbenzamide] | 219-768-5 | 2527-58-4 |
| 2-methyl-2H-isothiazol-3-one | 220-239-6 | 2682-20-4 |
| Troclosene sodium | 220-767-7 | 2893-78-9 |
| Sodium dichloroisocyanurate dihydrate | 220-767-7 | 51580-86-0 |
| Bis(trichloromethyl) sulphone | 221-310-4 | 3064-70-8 |
| (ethylenedioxy)dimethanol | 222-720-6 | 3586-55-8 |

续 表

| 活性物质 | EC 号 | CAS 号 |
|---|---|---|
| Dipyrithione | 223-024-5 | 3696-28-4 |
| Sodium 2,4,6-trichlorophenolate | 223-246-2 | 3784-03-0 |
| Methenamine 3-chloroallylochloride | 223-805-0 | 4080-31-3 |
| 2,2',2''-(hexahydro-1,3,5-triazine-1,3,5-triyl)triethanol | 225-208-0 | 4719-04-4 |
| Tetrahydro-1,3,4,6-tetrakis(hydroxymethyl)imidazo[4,5-d]imidazole-2,5(1H,3H)-dione | 226-408-0 | 5395-50-6 |
| N,N'-methylenebismorpholine | 227-062-3 | 5625-90-1 |
| Methylene dithiocyanate | 228-652-3 | 6317-18-6 |
| Didecyldimethylammonium chloride | 230-525-2 | 7173-51-5 |
| Prometryn | 230-711-3 | 7287-19-6 |
| Sulphur dioxide | 231-195-2 | 7446-09-5 |
| Calcium dihexa-2,4-dienoate | 231-321-6 | 7492-55-9 |
| Iodine | 231-442-4 | 7553-56-2 |
| Sodium hydrogensulphite | 231-548-0 | 7631-90-5 |
| Sodium bromide | 231-599-9 | 7647-15-6 |
| Disodium disulphite | 231-673-0 | 7681-57-4 |
| Sodium sulphite | 231-821-4 | 7757-83-7 |
| Lignin | 232-682-2 | 9005-53-2 |
| Boric acid | 233-139-2 | 10043-35-3 |
| Potassium sulphite | 233-321-1 | 10117-38-1 |
| Sodium hydrogen 2,2'methylenebis[4-chlorophenolate] | 233-457-1 | 10187-52-7 |
| 2,2-dibromo-2-cyanoacetamide | 233-539-7 | 10222-01-2 |
| Disodium octaborate tetrahydrate | 234-541-0 | 12280-03-4 |
| Ammonium bromide | 235-183-8 | 12124-97-9 |
| Hexaboron dizinc undecaoxide / Zinc borate | 235-804-2 | 12767-90-7 |
| Dodecylguanidine monohydrochloride | 237-030-0 | 13590-97-1 |
| (benzyloxy)methanol | 238-588-8 | 14548-60-8 |
| Bis(1-hydroxy-1H-pyridine-2-thionato-O,S)copper | 238-984-0 | 14915-37-8 |
| Chlorotoluron | 239-592-2 | 15545-48-9 |
| Dipotassium disulphite | 240-795-3 | 16731-55-8 |

续 表

| 活性物质 | EC 号 | CAS 号 |
|---|---|---|
| Benzoxonium chloride | 243-008-1 | 19379-90-9 |
| Potassium (E,E)-hexa-2,4-dienoate | 246-376-1 | 24634-61-5 |
| . alpha. ,. alpha. ',. alpha. -trimethyl-1,3,5-triazine-1,3,5(2H,4H,6H)-triethanol | 246-764-0 | 25254-50-6 |
| N '-tert-butyl-N-cyclopropyl-6-( methylthio )-1, 3, 5-triazine-2,4-diamine | 248-872-3 | 28159-98-0 |
| Bromochloro-5,5-dimethylimidazolidine-2,4-dione | 251-171-5 | 32718-18-6 |
| 3-(4-isopropylphenyl)-1,1-dimethylurea / Isoproturon | 251-835-4 | 34123-59-6 |
| 2-bromo-2-(bromomethyl)pentanedinitrile | 252-681-0 | 35691-65-7 |
| . alpha. -cyano-3-phenoxybenzyl 3-(2,2-dichlorovinyl)-2,2- dimethylcyclopropanecarboxylate / Cypermethrin | 257-842-9 | 52315-07-8 |
| Tetrakis(hydroxymethyl)phosphonium sulphate(2 : 1) | 259-709-0 | 55566-30-8 |
| Cis-4-[3-(p-tert-butylphenyl)-2-methylpropyl]-2,6- dimethylmorpholine / Fenpropimorph | 266-719-9 | 67564-91-4 |
| Quaternary ammonium compounds, benzyl-C12-18- alkyldimethyl, chlorides | 269-919-4 | 68391-01-5 |
| Quaternary ammonium compounds, benzyl-C12-16- alkyldimethyl, chlorides | 270-325-2 | 68424-85-1 |
| Quaternary ammonium compounds, di-C8-10-alkyldimethyl, chlorides | 270-331-5 | 68424-95-3 |
| Tributyltetradecylphosphonium chloride | 279-808-2 | 81741-28-8 |
| Margosa ext. | 283-644-7 | 84696-25-3 |
| Quaternary ammonium compounds, benzyl-C12-14- alkyldimethyl, chlorides | 287-089-1 | 85409-22-9 |
| Quaternary ammonium compounds, C12-14- alkyl [( ethylphenyl ) methyl]dimethyl, chlorides | 287-090-7 | 85409-23-0 |
| Mixture of: (C8-18) alkylbis (2-hydroxyethyl) ammonium bis (2-ethylhexyl) phosphate; (C8-18) alkylbis (2-hydroxyethyl) ammonium 2-ethylhexylhydrogenphosphate | 404-690-8 | 68132-19-4 |
| cis-1-(3-chloroallyl)-3,5,7-triaza-1-azoniaadamantane chloride | 426-020-3 | 51229-78-8 |
| Thiamethoxam | 428-650-4 | 153719-23-4 |
| 5-chloro-2-(4-chlorphenoxy)phenol | 429-290-0 | 3380-30-1 |
| 3-benzo(b)thien-2-yl-5,6-dihydro-1,4,2-oxathiazine,4-oxide | 431-030-6 | 163269-30-5 |

续 表

| 活性物质 | EC 号 | CAS 号 |
| --- | --- | --- |
| Mixture of 5-chloro-2-methyl-2H-isothiazol-3-one (EINECS 247-500-7) and 2-methyl-2H-isothiazol-3-one (EINECS 220- 239-6) | Mixture | 55965-84-9 |
| Quaternary ammonium compounds (benzylalkyldimethyl(alkyl from C8-C22, saturated and unsaturated, tallow alkyl, coco alkyl, and soya alkyl) chlorides, bromides, or hydroxides) / BKC | Mixture of EINECS listed substances | |
| Quaternary ammonium compounds (dialkyldimethyl (alkyl from C6-C18, saturated and unsaturated, and tallow alkyl, coco alkyl, and soya alkyl) chlorides, bromides, or methylsulphates) / DDAC | Mixture of EINECS listed substances | |
| 4-Bromo-2-(4-chlorophenyl)-1-(ethoxymethyl)-5-(trifluoromethyl)-1H-pyrrole-3-carbonitrile / Chlorfenapyr | Plant protection product | 122453-73-0 |
| [1. alpha. (S * ), 3. alpha. ]-(. alpha. )-cyano-(3- phenoxyphenyl) methyl 3-( 2, 2-dichloroethenyl )-2. 2- dichlorovinyl )-2, 2-dimethylcyclopropanecarboxylate / alpha- Cypermethrin | Plant protection product | 67375-30-8 |
| N-Didecyl-N-dipolyethoxyammonium borate / Didecylpolyoxethylammonium borate | Polymer | 214710-34-6 |
| Polyvinylpyrrolidone iodine | Polymer | 25655-41-8 |
| Homopolymer of 2-tert-butylaminoethyl methacrylate (EINECS 223-228-4) | Polymer | 26716-20-1 |
| N, N, N ', N '-Tetramethylethylenediaminebis ( 2-chloroethyl ) ether copolymer | Polymer | 31075-24-8 |
| Oligo(2-(2-ethoxy)ethoxyethylguanidinium chloride) | Polymer | 374572-91-5 |
| Poly(hexamethylendiamine guanidinium chloride) | Polymer | 57028-96-3 |
| Poly(oxy-1, 2-ethanediyl), . alpha. -[2- (didecylmethylammonio) ethyl]- . omega. -hydroxy-, propanoate (salt) | Polymer | 94667-33-1 |

**PT 18-杀虫剂、杀螨剂和其他节肢动物杀灭剂**

| 活性物质 | EC 号 | CAS 号 |
| --- | --- | --- |
| Silica, amorphous, crystalline-free | | 112945-52-5 |
| Formaldehyde | 200-001-8 | 50-00-0 |
| Dimethoate | 200-480-3 | 60-51-5 |
| Dichlorvos | 200-547-7 | 62-73-7 |
| Ethanol | 200-578-6 | 64-17-5 |
| Formic acid | 200-579-1 | 64-18-6 |

续 表

| 活性物质 | EC 号 | CAS 号 |
|---|---|---|
| Propan-2-ol | 200-661-7 | 67-63-0 |
| 1,4-dichlorobenzene | 203-400-5 | 106-46-7 |
| N-(2-ethylhexyl)-8,9,10-trinorborn-5-ene-2,3-dicarboximide | 204-029-1 | 113-48-4 |
| Propoxur | 204-043-8 | 114-26-1 |
| Benzyl benzoate | 204-402-9 | 120-51-4 |
| Malathion | 204-497-7 | 121-75-5 |
| Fenitrothion | 204-524-2 | 122-14-5 |
| Sodium hydrogencarbonate | 205-633-8 | 144-55-8 |
| Naled | 206-098-3 | 300-76-5 |
| (RS)-3-allyl-2-methyl-4-oxocyclopent-2-enyl-(1RS,3RS;1RS,3SR) -2,2-dimethyl-3-(2-methylprop-1-enyl)- cyclopropanecarboxylate (all isomers; ratio: 1 : 1 : 1 : 1 : 1 : 1 : 1 : 1) / Allethrin | 209-542-4 | 584-79-2 |
| Calcium dihydroxide / calcium hydroxide / caustic lime / hydrated lime / slaked lime | 215-137-3 | 1305-62-0 |
| Calcium oxide / lime / burnt lime / quicklime | 215-138-9 | 1305-78-8 |
| Zinc sulphide | 215-251-3 | 1314-98-3 |
| Disodium tetraborate, anhydrous | 215-540-4 | 1330-43-4 |
| Chlorpyrifos | 220-864-4 | 2921-88-2 |
| Sodium 5-chloro-2-[4-chloro-2-[[[(3, 4- dichlorophenyl) amino] carbonyl]amino]phenoxy]benzenesulph onate | 222-654-8 | 3567-25-7 |
| Chlorpyrifos-methyl | 227-011-5 | 5598-13-0 |
| (R)-p-mentha-1,8-diene | 227-813-5 | 5989-27-5 |
| Didecyldimethylammonium chloride | 230-525-2 | 7173-51-5 |
| Rape oil | 232-299-0 | 8002-13-9 |
| Garlic ext. | 232-371-1 | 8008-99-9 |
| Boric acid | 233-139-2 | 10043-35-3 |
| Disodium octaborate tetrahydrate | 234-541-0 | 12280-03-4 |
| Phoxim | 238-887-3 | 14816-18-3 |
| Methomyl | 240-815-0 | 16752-77-5 |
| Cis-tricos-9-ene | 248-505-7 | 27519-02-4 |

续 表

| 活性物质 | EC 号 | CAS 号 |
| --- | --- | --- |
| (S)-3-allyl-2-methyl-4-oxocyclopent-2-enyl(1R,3R)-2,2- dimethyl-3-(2-methylprop-1-enyl)-cyclopropanecarboxylate (only 1R trans, 1S isomer) / S-Bioallethrin | 249-013-5 | 28434-00-6 |
| Bioresmethrin | 249-014-0 | 28434-01-7 |
| Pirimiphos-methyl | 249-528-5 | 29232-93-7 |
| Trans-isopropyl-3- [[(ethylamino)methoxyphosphinothioyl]oxy]crotonate | 250-517-2 | 31218-83-4 |
| Amitraz | 251-375-4 | 33089-61-1 |
| 3-(4-isopropylphenyl)-1,1-dimethylurea / Isoproturon | 251-835-4 | 34123-59-6 |
| Calcium magnesium oxide / dolomitic lime | 253-425-0 | 37247-91-9 |
| Calcium magnesium tetrahydroxide / calcium magnesium hydroxide / hydrated dolomitic lime | 254-454-1 | 39445-23-3 |
| 3-iodo-2-propynyl butylcarbamate | 259-627-5 | 55406-53-6 |
| Quaternary ammonium compounds, benzyl-C12-18- alkyldimethyl, chlorides | 269-919-4 | 68391-01-5 |
| Quaternary ammonium compounds, benzyl-C12-16- alkyldimethyl, chlorides | 270-325-2 | 68424-85-1 |
| ethyl [2-(4-phenoxyphenoxy)ethyl]carbamate / Fenoxycarb | 276-696-7 | 72490-01-8 |
| Quaternary ammonium compounds, benzyl-C12-14- alkyldimethyl, chlorides | 287-089-1 | 85409-22-9 |
| Quaternary ammonium compounds, C12-14- alkyl [(ethylphenyl) methyl]dimethyl, chlorides | 287-090-7 | 85409-23-0 |
| . alpha. -cyano-4-fluoro-3-phenoxybenzyl [1. alpha. (S * ), 3. alpha. ]-(±)-3-(2,2-dichlorovinyl)-2,2- dimethylcyclopropanecarboxylate | 289-244-9 | 86560-93-2 |
| Lavender, Lavandula hybrida, ext. / Lavandin oil | 294-470-6 | 91722-69-9 |
| Reaction products of: glutamic acid and N-(C12-14- alkyl)propylenediamine | 403-950-8 | 164907-72-6 |
| 5,5-dimethyl-perhydro-pyrimidin-2-one . alpha. -(4- trifluoromethylstyryl) -. alpha. -(4- trifluoromethyl)cinnamylidenehydrazone / Hydramethylnon | 405-090-9 | 67485-29-4 |
| 1-(4-(2-cloro-a, a, a-p-trifluorotolyloxy)-2-fluorophenyl)-3-(2, 6-difluorobenzolyl)urea / Flufenoxuron | 417-680-3 | 101463-69-8 |
| Potassium salts of fatty acids (C15-21) | Mixture | |
| (RS)-3-Allyl-2-methyl-4-oxocyclopent-2-enyl-(1R, 3R)-2, 2- dimethyl-3-(2-methylprop-1-enyl)-cyclopropanecarboxylate (mixture of 2 isomers: 1R trans : 1RS only 1 : 1) / Bioallethrin / d-trans-Allethrin | Plant protection product | |

续 表

| 活性物质 | EC 号 | CAS 号 |
|---|---|---|
| S-Cyphenothrin | Plant protection product | |
| S-Hydroprene / Ethyl (S-(E, E))-3, 7, 11-trimethyldodeca-2, 4- dienoate | Plant protection product | 65733-18-8 |
| Cyclopropanecarboxylic acid, 3-[(1Z)-2-chloro-3, 3, 3-trifluoro- 1-propenyl]-2, 2-dimethyl-, (2-methyl[1, 1'-biphenyl]-3- ylmethyl ester, (1R,3R)-rel- / Bifenthrin / Biphenate | Plant protection product | 82657-04-3 |

**PT 19-驱避剂和引诱剂**

| 活性物质 | EC 号 | CAS 号 |
|---|---|---|
| 2-(2-butoxyethoxy)ethyl 6-propylpiperonyl ether / Piperonyl butoxide | 200-076-7 | 51-03-6 |
| Ethanol | 200-578-6 | 64-17-5 |
| Propan-2-ol | 200-661-7 | 67-63-0 |
| Linalool | 201-134-4 | 78-70-6 |
| Anthraquinone | 201-549-0 | 84-65-1 |
| Naphthalene | 202-049-5 | 91-20-3 |
| 1,4-dichlorobenzene | 203-400-5 | 106-46-7 |
| Benzyl benzoate | 204-402-9 | 120-51-4 |
| Octanoic acid | 204-677-5 | 124-07-2 |
| Methyl anthranilate | 205-132-4 | 134-20-3 |
| Ziram | 205-288-3 | 137-30-4 |
| Sodium hydrogencarbonate | 205-633-8 | 144-55-8 |
| Oct-1-ene-3-ol | 222-226-0 | 3391-86-4 |
| (R)-p-mentha-1,8-diene | 227-813-5 | 5989-27-5 |
| Silicon dioxide - amorphous | 231-545-4 | 7631-86-9 |
| Bone oil / Animal oil | 232-294-3 | 8001-85-2 |
| Garlic ext. | 232-371-1 | 8008-99-9 |
| Lignin | 232-682-2 | 9005-53-2 |
| m-phenoxybenzyl 3-(2,2-dichlorovinyl)-2,2- dimethylcyclopropanecarboxylate / Permethrin | 258-067-9 | 52645-53-1 |

续 表

| 活性物质 | EC号 | CAS号 |
| --- | --- | --- |
| Quaternary ammonium compounds, benzyl-C12-18- alkyldimethyl, chlorides | 269-919-4 | 68391-01-5 |
| Quaternary ammonium compounds, benzyl-C12-16- alkyldimethyl, chlorides | 270-325-2 | 68424-85-1 |
| Melaleuca alternifolia, ext. / Australian Tea Tree Oil | 285-377-1 | 85085-48-9 |
| Quaternary ammonium compounds, benzyl-C12-14- alkyldimethyl, chlorides | 287-089-1 | 85409-22-9 |
| Quaternary ammonium compounds, C12-14- alkyl[(ethylphenyl) methyl]dimethyl, chlorides | 287-090-7 | 85409-23-0 |
| Chrysanthemum cinerariaefolium, ext. | 289-699-3 | 89997-63-7 |
| Juniper, Juniperus mexicana, ext. | 294-461-7 | 91722-61-1 |
| Methyl neodecanamide | 414-460-9 | 105726-67-8 |
| (E)-2-Octadecenal | Not yet allocated | 51534-37-3 |
| (E,Z)-2,13-Octadecadienal | Not yet allocated | 99577-57-8 |

注:以上列表为截止到2016年8月份数据

# 附录Ⅳ ECHA收取活性物质相关标准行政费用

| BPR(EU)No 528/2012下相关合规要求 | 详细分类 | 标准费用（欧元） |
| --- | --- | --- |
| 活性物质批准<br>BPR第7条(2) | 产品与典型产品不相同,每一个产品的活性物质批准费用。 | 120,000 |
| | 产品与典型产品相同,每一个产品的活性物质批准费用。 | 40,000 |
| | 根据BPR第23条,需要开展比较评估(comparative assessment)的情况,每个产品增收附加费用。<br>注:比较评估即活性物质危害性较大,属于替代候选物质(Candidates for substitution)。 | 20,000 |
| | 根据BPR第55条(2),申请临时授权的情况,每个产品增收附加费用。<br>注:临时授权即产品含有新活性物质的情况,同时申请活性物质批准和产品授权。活性物质尚未批注之前,产品可批准授权不超过3年有效期。 | 20,000 |
| 活性物质批准更新<br>BPR第13条(3) | 第一个产品类型的费用。 | 15,000 |
| | 每增加一个产品类型的费用。 | 1,500 |
| | 根据BPR第14条(1)需要开展完整评估,第一个产品类型的费用。 | 25,000 |
| | 根据BPR第14条(1)需要开展完整评估,每增加一个产品类型的费用。 | 2,500 |
| | 活性物质属于替代候选物质(Candidate for substitution),每个产品类型的附加费用。 | 20,000 |
| 活性物质列入附录I<br>BPR第28条 | 首次列入BPR附录I。<br>注:BPR附录I是可以申请简易授权的活性物质清单,与BPD附录I不同。 | 10,000 |
| | 列入BPR附录I更新。 | 2,000 |
| 根据Regulation(EC) No 1451/2007,BPR条款3a,提交通报 | 每一种物质/产品类型。<br>通报费用应该根据BPR第7条扣除。 | 10,000 |

续 表

| BPR(EU)No 528/2012下相关合规要求 | 详细分类 | 标准费用(欧元) |
|---|---|---|
| SMEs 减免 | | |
| 企业类型 | 减免(%相对于标准费用) | |
| 微小型企业 | 60 | |
| 小型企业 | 40 | |
| 中型企业 | 20 | |

注:SMEs 减免仅针对活性物质批准、活性物质批准更新、活性物质列入 BPR 附录 I 中且活性物质生产企业是欧盟境内中小型企业的情况,不包括活性物质是替代候选物质的情况

# 附录Ⅴ　ECHA 收取生物杀灭剂产品统一授权标准行政费用

| BPR(EU)No 528/2012 下相关合规要求 | 详细分类 | 标准费用（欧元） |
| --- | --- | --- |
| 单个生物杀灭剂产品统一授权 | 产品与典型产品不相同，每一个产品的费用。 | 80,000 |
| | 产品与典型产品相同，每一个产品的费用。 | 40,000 |
| | 根据 BPR 第 23 条，需要开展比较评估(comparative assessment)的情况，每个产品增收附加费用 | 40,000 |
| | 根据 BPR 第 55 条(2)，申请临时授权的情况，每个产品类型增收附加费用。<br>注：临时授权即产品含有新活性物质的情况，同时申请活性物质批准和产品授权。活性物质尚未批注之前，产品可批准授权不超过 3 年有效期。 | 10,000 |
| 生物杀灭剂产品系列的统一授权<br>BPR 第 43 条(2) | 每一个系列的费用。 | 150,000 |
| | 根据 BPR 第 23 条，需要开展比较评估(comparative assessment)的情况，每个产品系列增收附加费用。 | 60,000 |
| | 根据 BPR 第 55 条(2)，申请临时授权的情况，每个产品系列增收附加费用。 | 15,000 |
| 生物杀灭剂产品系列增加产品的通报<br>BPR 第 17 条(6) | 每增加一个产品的费用。 | 2,000 |
| 相同生物杀灭剂产品的授权<br>BPR 第 17 条(7) | 每一种相同产品的费用。 | 2,000 |
| 生物杀灭剂产品授权或产品系列授权的变更<br>BPR 第 50 条(2) | 每个申请的费用。 | 40,000 |

续 表

| BPR(EU) No 528/2012下相关合规要求 | 详细分类 | 标准费用(欧元) |
| --- | --- | --- |
| 生物杀灭剂产品授权或产品系列授权的微小变更<br>BPR 第 50 条(2) | 每个申请的费用。 | 15,000 |
| 生物杀灭剂产品授权或产品系列授权的行政变更<br>BPR 第 50 条(2) | 每个通报的费用。 | 2,000 |
| 生物杀灭剂产品授权或产品系列授权的分类变更建议<br>BPR 第 50 条(2) | 每个请求的费用;<br>如果属于行政变更或微小变更,费用应该从随后的申请或通报中扣除。 | 2,000 |
| 单个生物杀灭剂产品统一授权更新<br>BPR 第 45 条(3) | 每个产品的费用。 | 5,000 |
| | 根据 BPR 第 14 条(1)需要开展完整评估,每个产品的附加费用。 | 15,000 |
| | 根据 BPR 第 23 条,活性物质属于替代候选物质,需要开展比较评估(comparative assessment),每个产品的附加费用。 | 40,000 |
| 生物杀灭剂产品系列统一授权更新<br>BPR 第 45 条(3) | 每个产品系列的费用。 | 7,500 |
| | 根据 BPR 第 14 条(1)需要开展完整评估,每个产品系列的附加费用。 | 22,500 |
| | 根据 BPR 第 23 条,活性物质属于替代候选物质,需要开展比较评估(comparative assessment),每个产品系列的附加费用。 | 60,000 |
| SMEs 减免 | | |
| 企业类型 | 减免(%相对于标准费用) | |
| 微小型企业 | 30 | |
| 小型企业 | 20 | |
| 中型企业 | 10 | |

注:SMEs 减免仅针对生物杀灭剂单个产品或产品系列统一授权申请、统一授权更新申请工作中授权持有人是欧盟境内的中小型企业的情况,不包括活性物质是替代候选物质的情况

# 附录Ⅵ ECHA收取其他标准行政费用

| BPR(EU)No 528/2012下相关合规要求 | 详细分类 | 标准费用（欧元） |
|---|---|---|
| 技术相同性<br>BPR第54条(3) | 仅基于数据分析的申请，活性物质仅仅是生产地点不同时所需要的费用 | 5,000 |
| | 仅基于数据分析的申请，活性物质不仅是生产地点不同时所需要的费用 | 20,000 |
| | 不满足以上条件费用 | 40,000 |
| 统一授权年费<br>BPR第80条(1a) | 一个生物杀灭剂产品统一授权费用 | 10,000 |
| | 一个生物杀灭剂产品组统一授权费用 | 20,000 |
| 互认提交费用<br>BPR第80条(1a) | 单个产品或产品组互认申请费 | 700 |
| 上诉<br>BPR第77条(1) | 每个上诉所需费用 | 2,500 |
| 列入BPR第95条名单 | 提交完整卷宗LoA所需费用 | 2,000 |
| | 提交部分数据LoA以及补充数据所需费用 | 20,000 |
| | 提交一个新卷宗所需费用 | 40,000 |
| 向官方提交BPR第66条(4)的要求 | 信息保密 | 1,000 |

# 附录Ⅶ BPR法规中文翻译

**法规标题**

《关于生物杀灭剂产品的投放市场和使用(欧洲经济区相关)法规》(EU) No 528/2012

**法规来源**

欧洲议会和理事会 2012 年 5 月 22 日

**法规通报获取**

欧盟官方公报 L 167,27/06/2012 P. 0001—0123

**法规通报内容**

欧洲议会与欧盟理事会,

认识到欧洲联盟运作的条例(特别是第 114 章),认识到欧盟委员会的提议,认识到欧盟经济与社会委员会的意见,根据一般立法条例,

鉴于:

(1)生物杀灭剂产品对于控制有害于人类或动物健康的生物来说是必须的,而且其还可以用于控制那些对天然或人造材料有危害的生物体。然而,生物杀灭剂产品由于它们内在的性质和使用方式,其也可以对人类、动物和环境造成一定的风险。

(2)根据这部法规,生物杀灭剂产品除非被授权,否则不得投放市场或使用。经过生物杀灭剂产品处理过的物品不得被投放市场,除非处理其的生物杀灭剂产品中所含的所有活性物质都根据本法规获得了批准。

(3)本法规的目的在于促进欧盟内部生物杀灭剂产品的自由流通,同时确保对人类和动物健康以及环境的高度保护。特别是对孕妇和儿童这类弱势群体的保护,应当更多地被关注。本法规应当基于预防原则来确保活性物质和生物杀灭剂产品的制造和流通不会导致其对人类或动物健康以及环境造成不可接受的影响。为了尽快消除生物杀

灭剂产品的贸易障碍，应当制定活性物质批准，生物杀灭剂产品投放市场和使用的规则，包括平行贸易和授权多国互认的规则。

(4)为了确保人类健康、动物健康以及环境的高度保护，本法规不应与欧盟其他工作环境和消费者保护的法规相冲突。

(5)欧洲议会和欧盟理事会指令 98/8/EC 制定了生物杀灭剂产品在欧盟内部投放市场的规则。有必要采取这些经验，特别是委员会提交给欧洲议会和理事会关于指令实施 7 年以来的缺点问题分析。

(6) 关于对现存规则的变更，一部新的法规将会替代指令 98/8/EC 来澄清和细节化可实施的规则。另外，新的法规还将确保法规要求在整个欧盟层面同时、同等地被执行。

(7)关于现存活性物质(即在指令 98/8/EC 中设定的日期之前就存在于欧盟市场的活性物质)与新活性物质的区别应当被澄清。正在进行的对现存活性物质的评审项目中，成员国应当继续允许含有这些正在进行评估的活性物质的生物杀灭剂产品继续在市场流通，但需要符合其自身国家的其他相关法规，直到该活性物质的评审结果最终公布。所以，成员国或者委员会(如果合适的话)应当在适当的时候给予、取消或更改产品的授权。新的活性物质需要在包含其的生物杀灭剂产品投放市场之前被评估，以使得新产品的投放符合本法规的要求。然而，为了促进新活性物质的开发，只要活性物质和生物杀灭剂产品的关于本法规要求的安全条件卷宗被完整地提交，新活性物质的评估过程将不会阻碍成员国或委员会对生物杀灭剂产品的授权。

(8)为了确保将活性物质投放市场的每一个人的公平性，他们每个人都应当被要求拥有一份关于他们制造或进口并用于生物杀灭剂产品制造的活性物质的卷宗，或者拥有这份卷宗的授权信，或者拥有卷宗中的相关数据。没有符合这些要求的制造商或进口商的活性物质的生物杀灭剂产品不应当被允许投放市场。如果这样的话，应当有一个合适的退出期。

(9)本法规应当适用于由一种或多种活性物质构成或包含一种或多种活性物质的生物杀灭剂产品，且这类产品是以生物杀灭剂产品的形式销售给使用者的。

(10)为了确保法规的准确性，有必要建立一份联盟的批准用于生物杀灭剂产品的活性物质清单。评估活性物质是否能进入该清单的标准也同样需要确立。支持活性物质审批申请的相关信息应当由各利益相关方来出具。

(11)本法规的实施不得违背法规(EC)No 1907/2006,即 REACH 法规。在某些条件下,生物杀灭剂活性物质可以豁免与该法规的相关条款。

(12)为了达到对人类健康、动物健康和环境的高度保护的目的,除了一些特殊的情况外,拥有有害档案的活性物质不应当被批准用于制作生物杀灭剂产品。特殊的情况是指,人类健康、动物健康、环境暴露在该物质下的风险可忽略不计,或对社会来说有着不成比例的负面影响。当决定一个活性物质是否应当被批准时,该活性物质是否拥有充分有效的替代物质也应当被予以考虑。

(13)在联盟清单中的活性物质需要根据科学和技术的进步定期进行检查。如果有充分的证据证明使用于生物杀灭剂产品或处理物品中的活性物质不能满足本法规的要求,委员会应当重审对该活性物质的批准。

(14)如果活性物质拥有某些内在的有害性质,那么它们应当被视为替换候选物质。为了对替换候选身份完成检查,这类物质的批准有效期不应当超过 7 年,即使是在批准更新的情况下。

(15)在给予或更新一个含有替换候选活性物质的生物杀灭剂产品的授权时,应当将其与其他已授权的生物杀灭剂产品进行对比,即对比它们呈现出的风险及益处的非化学控制手段和预防方法。所以,作为结果的"比较评估"中,如果有其他对人类健康、动物健康和环境危害更小的替换产品,且已经被授权了的,那么含有替换候选活性物质的生物杀灭剂产品应当被禁止或限制。在该情况下,需要给予合适的退出期限。

(16)为了避免给工业和主管当局带来不必要的行政和财政负担,只有主管当局在最初的评估中根据可得信息得出有必要进行全方面深度评估的时候,那么对该活性物质和生物杀灭剂产品的全方面深度评估才需要在授权重审及更新的时候进行。

(17)有必要确保本法规在欧盟层面、技术、科学和行政方面的有效协调和管理。ECHA 应当担任实施活性物质评估和生物杀灭剂产品联盟授权的责任。在 ECHA 内部应当建立一个生物杀灭剂产品委员会来实施法规中具体的任务。

(18)某些生物杀灭剂产品和处理物品也会受到其他联盟法规的管控。所以需要给予它们之间清晰的界限以保证法律的准确性。本法规覆盖的产品类别清单应该作为法规附件完成并列出。

(19)如果生物杀灭剂产品的使用目的不仅是本法规中提及的那些,其另外还和医疗设备有关联。例如在医院或医疗设备中使用的表面消毒剂,那么这类产品可能会呈现出其他风险。因此生物杀灭剂产品需要符合指令90/385/EEC附件I，指令93/42EEC，指令98/79/EC的要求以及本法规的相关要求。

（20）如果一个产品的生物杀灭剂功能为其化妆功能的内在属性，或该产品的生物杀灭剂功能为化妆品的次要功能，那么它需要受到法规(EC) No 1223/2009的管控。

（21）食品与饲料的安全性是有联盟立法的，特别是法规(EC) No 178/2002列出了一般原则并确定了食品安全有关的程序。因此，本法规不应该施用于制作趋避剂和引诱剂的食品及饲料。

（22）加工助剂被现存的联盟法规所覆盖，特别是法规(EC) No 1831/2003。因此，本法规不应该施用于食品添加剂。

（23）因为用于食品与饲料防腐剂的产品类别PT-20已经被法规(EC) No 1831/2003和法规(EC) No 1333/2008所覆盖，所以新的法规中将不再出现该产品类别。

（24）由于国际船舶压载水和沉积物控制和管理公约已经提供了对压载水管理体系呈现出的风险有效的评估，所以其最终的批准和对这类体系的跟随类型的批准应当被认为等同于本法规下的产品授权。

（25）为了避免可能造成的对环境的负面影响，那些在市场上流通的且没有符合法规要求的生物杀灭剂产品应当被当作是废弃物来处理，特别应遵循指令2008/98/EC。

（26）为了促进在所有成员国有着类似使用条件的生物杀灭剂产品在整个欧盟市场流通，需要为这类产品提供联盟授权。为了给予ECHA充分的时间建立必需的能力和这类程序的经验，联盟授权申请的产品类别需要循序渐进，一批一批地完成联盟授权的申请。

（27）委员会需要检查联盟授权的条款并在2017年12月31日向欧洲议会和理事会提交报告，如有需要还应提交对不合适条款修改的提议。

（28）为了确保只有符合本法规相关条款的生物杀灭剂产品才能投放市场，所有的生物杀灭剂产品都需要被成员国主管当局、委员会等授予产品授权之后才能投放相应地区的市场。

（29）为了鼓励那些对环境或人类动物健康更好的生物杀灭剂产品的使用，需要为这类生物杀灭剂产品提供更简化的授权流程，即在某些条件下，一旦这类产品获得至少一个成员国授权，那么其即可以在不进行多国互认的情况下在所有成员国流通。

（30）为了鉴别那些可以进行简化授权的生物杀灭剂产品，有需要建立一份特殊的这类产品所含的活性物质清单。这份清单需要包含那些在法规(EC)No 1907/2006 或指令 98/8/EC 中被确认为是食品添加剂、信息素和其他被认为是低毒的物质,如弱酸、酒精和用于化妆品和食品的植物油。

(31)为了确保各个主管当局的流程统一,有需要为生物杀灭剂产品的授权和评估提供统一的基本原则。

(32)为了评估生物杀灭剂产品使用时的潜在风险,申请者应当提交包含所需信息的卷宗。建立活性物质和生物杀灭剂产品的数据模板卷宗对申请者搜集数据和主管当局实施评估并最终得出授权决定会有一定的帮助。

(33)考虑到活性物质和不符合简化授权条件的生物杀灭剂产品的多样性,根据模板卷宗和测试应当适合单个的环境和允许整体的风险评估。因此,申请者应当被允许要求数据要求的变更,包括不必要或因为物质天然属性或产品的潜在使用方式导致的不可能收集的数据。申请者也应当提供适当的技术与科学证据来支持他们的请求。

(34)为了帮助中小企业申请者符合法规的要求,成员国应当提供咨询建议,例如建立帮助咨询台等。这些咨询建议应该是除了 ECHA 提供的操作指南文件和其他建议及帮助之外的附加咨询和建议。

(35)为了确保申请者可以有效地行使数据要求变更的请求,成员国应当提供数据变更申请的支持和建议。

(36)为了促进市场流通,有需要授权一组生物杀灭剂产品作为一个生物杀灭剂产品族。生物杀灭剂产品族中的生物杀灭剂产品应当拥有类似的使用方式和相同的活性物质。成分上的差异和非活性物质的替换更是被允许的,但是不能使产品呈现出不同级别的风险和对产品功效的显著减小。

(37)在授权生物杀灭剂产品时,有需要确保当其被用作设计用途时,它们是充分有效的,且对于目标基团没有不可接受的影响,如抵抗力,或对于脊椎动物来说,不必须的痛苦和疼痛。另外,在现存科学技术知识的条件下,它们也不可以拥有任何对人类健康、动物健康和环境不可接受的影响。如果合适的话,为了保护人类和动物健康,还需给予生物杀灭剂产品中活性物质在食品和饲料中的最大残留限度。当这些条件有不满足的时候,生物杀灭剂产品不应该被授权,除非它们的不授权会给社会带来不成比例的负面影响。

(38)适当的时候,应当采取合适的预防措施避免有害基因的出现,如合适的货物仓储，符合相关的卫生标准和废弃物立即弃置标准。那些对人类、动物及环境低风险的生物杀灭剂产品应当尽量被利用，不管其是否会呈现出有效的作用，另外，那些有意伤害、杀害或损害动物或给动物带来痛苦的生物杀灭剂产品应作为最后的手段。

(39)一些已授权的生物杀灭剂产品在被一般大众用户使用时会呈现出一定的风险。所以这些生物杀灭剂产品不应该被授权投放市场从而给大众用户带来危害。

(40)为了避免评估程序的重复和确保生物杀灭剂产品在联盟内的自由流通，评估程序应确保一个成员国的授权可以被其他成员国所接收并认可。

(41)为了确保生物杀灭剂产品的评估，各个成员国之间能有更紧密的合作，为了促进并提升生物杀灭剂产品的市场接受度，应当在第一次国家授权后就开始多国互认的程序。

(42)为了解决多国互认中可能产生的分歧并减少解决的延迟，有必要建立国家授权后申请多国互认的程序。如果一个主管当局拒绝承认或提议限制一个已有的授权，那么协调小组应该努力使他们达成共识。如果协调小组没能使他们达成共识，那么委员会应当被赋予给予最终决定的权力。如果是技术和科学问题，委员会应当在给予决定之前咨询 ECHA。

(43)然而，考虑到公共政策或公共安全、环境、人类和动物健康，标靶生物的缺乏，为了保护国有资产，可能成员国会在与申请者达成共识后，拒绝授予或调整授权内容。如果没有在申请者之间达成共识，那么委员会应当被授予做出最终决定的权力。

(44)有些产品类别的生物杀灭剂产品的使用可能会提升对保护动物的担忧。因此，成员国应该被允许对这类产品类别的生物杀灭剂产品在多国互认的原则上有所违背，但是这类违背不能有违本法规的基本目的，即对内部市场的适当保护。

(45)为了促进授权和多国互认程序的功能化过程，有必要建立一个多国互相交换信息的平台。为了完成这样一个平台，R4BP 应当被筹建。成员国、委员会和 ECHA 应当使用 R4BP 来共享科学文献和申请资料。

(46)如果使用某种生物杀灭剂产品对该成员国有益处，但没有申请者有兴趣在这个成员国市场进行该产品的投放，那么官方或科学机构可以作为申请者进行申请。如果他们获得了授权，他们可以拥有像其他授权持有者一样的权利和责任。

(47)考虑到科学技术的发展和授权持有者的需求，有需要明确在什么情况下可以取消、重审和修正授权内容。同样的通报和授权后的信息交换，也应当被允许成员国主管当局和委员会采取适当的措施。

(48)如果有不可预知的危险威胁公共健康或环境,且这些危害不能用其他手段清除,那么成员国可以允许不符合本法规要求的生物杀灭剂产品在一段有限的时间内投放市场。

(49)为了鼓励活性物质和生物杀灭剂产品的研究和开发,有需要建立关于用于科学研究的非授权生物杀灭剂产品和未批准活性物质的使用和投放市场的规则。

(50)考虑到给内部市场和消费者带来的益处,有需要建立在不同成员国获得授权的同一生物杀灭剂产品的平行贸易规则。

(51)为了决定活性物质的同一性,有必要建立关于技术性等同的规则。

(52)为了保护人类健康、动物健康和环境,为了避免存在于欧盟产处理物品和第三国产处理物品之间的歧视,所有投放内部市场的处理物品都应当只能含有被批准的活性物质。

(53)为了确保消费者的知晓权,为了促进法规实施,为了提供给消费者产品使用的整体信息,处理物品应当被合理地制作标签。

(54)那些投资支持本法规中或指令 98/8/EC 中活性物质批准和生物杀灭剂产品授权的申请者,每当他们提交的数据被后续的申请者引用时应当可以要求一定的补偿来弥补他们在获取活性物质原始数据时的投资。

(55)为了保证支持活性物质审批和生物杀灭剂产品授权的所有信息都从提交之日开始获得保护,为了确保对所有数据的保护,数据保护期应该也应用于目的为 98/8/EC 的所有信息数据。

(56)为了促进新活性物质和含有这些新活性物质的生物杀灭剂产品的开发,有必要为这类活性物质的申请而提交的专利数据卷宗提供一个相对于现存活性物质和产品更长的保护期。

(57)减少活体动物实验是非常必要的,无论是活性物质的动物实验还是生物杀灭剂产品的动物实验。申请者应当通过分担费用的方式分享而不是重复对脊椎动物的研究实验。如果数据持有者和申请者之间没有达成关于费用分担的协议,ECHA 应当在不违背国际法庭任何补偿决议下,允许申请者使用这些研究结果。主管当局和 ECHA 应当通过 R4BP 使得申请者获得数据持有者的联系信息。

(58)现存活性物质的市场中,由于考虑到需要减少不必要的实验和费用,避免垄断,维持经营者之间的自由竞争和数据持有者平等的数据费用补偿,有必要去建立一个平等的竞争环境。

(59)那些来自非实验性的,但等同于实验模式的模拟数据也应当被鼓励。此外,数据要求的修正也应该遵循降低不必要成本的原则来进行。

(60)为了确保已授权的生物杀灭剂产品在其市场上流通时是安全有效的,成员国应当采取一定措施进行控制和监管,制造商也应当维护一个合适的质量控制体系。

(61)在本法规建立的体系中,生物杀灭剂产品导致的风险信息和风险管理手段的有效交流是重要的组成部分之一。为了促进信息的共享,成员国主管当局,ECHA和委员会应当遵循保密原则,尽量避免有损于商业机密的信息公开,除非是为了保护人类健康安全或环境所必须的。

(62)为了增强监管和控制的有效性,为了提供生物杀灭剂产品相关风险的信息,授权持有者应当记录保存其产品投放市场的情况。

(63)法规(EC) No 1907/2006 中要求 ECHA 应当按照法规文献中关于生物杀灭剂产品和活性物质的内容来操作。所以本法规中应当明确 ECHA 的任务和功能。

(64)法规实施过程中产生的行政费用应当由将生物杀灭剂产品投放市场的企业来承担。为了促进内部市场的平稳实施,有需要建立 ECHA 和成员国主管当局的行政费用计算的基本原则,包括中小企业的特殊需求等。

(65)有必要允许申请者对 ECHA 的决议提出上诉。法规(EC) No 1907/2006 下 ECHA 内部建立的申诉小组应当接受并处理本法规下的申诉请求。

(66)因为纳米材料对人类健康、动物健康和环境的影响在科学上尚未明确。为了确保对消费者的高度保护和货品的自由运输以及制造商的法律确定性,有必要给予关于纳米材料统一的定义,如果可能的话,该定义应该基于国际论坛并说明被批准的活性物质不包括其纳米形态,除明确说明以外。委员会还应当根据科学的发展定期对纳米材料的条款进行修正。

(67)为了确保法规平滑的过渡,可以提供给那些在本法规实施之前提交活性物质批准申请或生物杀灭剂产品授权申请的申请者一个延期的许可或其他特殊的方法。

(68)ECHA 应当负责协调和促进新的活性物质批准申请。但是,考虑到历史卷宗庞大的数量,可以允许 ECHA 通过一段时间来准备处理关于指令 98/8/EC 下提交的数据卷宗。

(69)那些按照指令 98/8/EC 的要求降低风险的生物杀灭剂产品在完成注册后投放市场的企业应当被允许在新法规实施后继续将其产品投放市场直到该产品的注册有效期失效。

(70)考虑到有一些产品之前并没有被生物杀灭剂产品的联盟法规所覆盖,所以应当为这些产品提供一个过渡期,如处理物品。

(71)本法规应当考虑到其他关于物质和产品的审查和授权的工作项目,或其他国际公约。特别是它应当满足 2006 年 2 月 6 日迪拜的《国际化学品管理战略的方针》的要求。

(72)为了补充或修正本法规,欧盟功能条约中第 290 章规定的行动应当被赋予委员会来执行。在准备工作中,开展实施适当的专家咨询会对于委员会来说非常重要。当设计草案时,委员会应当确保将文件及时传递给欧洲议会和理事会。

(73)当有关于附件 I 中活性物质的限制条款变更或附件 I 中活性物质删除的紧急申请发生时,委员会应当立即采取适当措施。

(74)为了确保本法规有着统一的实施条件,法规实施的权力应当被赋予委员会。权力授予应当遵循法规(EU) No 182/2011 中给出的关于成员国对于委员会法规实施权力的控制机制的基本原则和规范。

(75)关于活性物质批准或批准取消的申请发生时,委员会应当立即采取适当措施。

(76)本法规的目的是欧盟内部生物杀灭剂产品市场的功能的提升,同时确保对人类和动物健康、环境的高度保护,但这一目标由于成员国的规格和能力,不能有效地达成,所以根据欧盟条约第五章的辅助性原则,本法规有必要通过欧盟层面采取适当措施。另外,根据第五章的均衡原则,本法规不能有超出达成设计目标外的其他行为。

采用本法规:

## 第 1 篇　适用范围和定义

### 第 1 章　目的和目标

1. 本法规的目的在于通过和谐统一的规则规范生物杀灭剂产品的使用与投放市场,以此来改善欧盟内部市场的运作机能,同时确保对人类、动物健康以及环境的高度保护。同样以此为目的的预防原则正是本法规各条款的基石。对于易受伤害的弱势群体的保护也应当受到更多的重视。

2. 本法规为以下内容制定规则：

(a) 在欧盟层面，建立允许在生物杀灭剂产品中使用的活性物质的清单。

(b) 生物杀灭剂产品的授权。

(c) 在欧盟内，产品授权的多国互认。

(d) 在一个或多个成员国或整个欧盟，生物杀灭剂产品的使用和投放市场。

(e) 处理物品投放市场。

## 第 2 章　适用范围

1. 本法规适用于生物杀灭剂产品和处理物品。本法规覆盖的生物杀灭剂产品类型和对它们的描述将在附件 V 中列出。

2. 为不与欧盟其他法规冲突，本法规不适用于以下法规管控范围内的生物杀灭剂产品及处理物品：

(a)指令 90/167/EEC 含药饲料的制备，投放市场及使用指令

(b)指令 90/385/EEC 体外诊断医疗器械指令

指令 93/42/EEC 医疗器械指令

指令 98/79/EC 体外诊断医疗器械指令

(c)指令 2001/82/EC 兽药产品指令

指令 2001/83/EC 人用医药产品指令

法规(EC) No 729/2004 欧洲药品局的建立及供人类兽类使用药品的授权与监管法

(d)法规(EC) No 1831/2003 饲料添加剂法

(e)法规(EC) No 852/2004 食品卫生法

法规(EC) No 853/2004 原始饲料卫生法

(f)法规(EC) No 1333/2008 食品添加剂法

(g)法规(EC) No 1334/2008 食品调味剂法

(h)法规(EC) No 767/2009 饲料的使用及投放市场法

(i)法规(EC) No 767/2009 植保产品投放市场法

(j)法规(EC) No 1223/2009 化妆品产品法

(k)指令 2009/48/EC 玩具安全法

当一个生物杀灭剂产品在上述法规或指令的管控范围内，但其使用目的却不在上

述法规或指令内，那么 BPR 将适用。

3. BPR 不得与以下法规或指令冲突。

(a) 指令 67/548/EEC 危险物质的分类、包装和标签指令

(b) 指令 89/391/EEC 工人工作安全健康促进办法指令

(c) 指令 98/24/EC 对工人来自工作中化学品风险的健康安全保护指令

(d) 指令 98/83/EC 人类饮用水质量指令

(e) 指令 1999/45/EC 危险配制品的分类、包装和标签指令

(f) 指令 2000/54/EC 对工人来自工作中暴露于生物制剂的风险的保护指令

(g) 指令 2000/60/EC 水政策框架指令

(h) 指令 2004/37/EC 对工人来自工作中暴露于致癌致突变的风险的保护指令

(i) 法规(EC) 850/2004 POPS

(j) 法规(EC) 1907/2006 REACH

(k) 指令 2006/114/EC 误导性及对比性的广告指令

(l) 法规(EC) No 689/2008 危险化学品的进出口法

(m) 法规(EC) No 1272/2008 物质及混合物的分类、标签和包装法

(n) 指令 2009/ 128/EC 杀虫剂可持续使用框架指令

(0) 法规(EC) No 1005/2009 破坏臭氧层物质法

(p) 指令 2010/63/EU 用于科学目的的动物的保护指令

(q) 指令 2010/75/ EU 工业排放指令

4. 生物杀灭剂产品的分类、包装及标签要求不得应用于产品通过铁路、公路、水路、海陆和空运等手段的运输。

5. 本法规不得用于：

(a) 驱避剂或引诱剂的食品与饲料

(b) 加工助剂的生物杀灭剂产品

6. 对于 BWM(船只压载水和沉积物管理控制国际公约)最终认可的生物杀灭剂产品可被视为已经获得了联盟授权，并需要进行相应的通报、记录和报告。

7. 本法规不得对成员国使用生物杀灭剂产品进行公共饮用水供给造成限制或禁止。

8. 成员国可以根据国防的需求，允许特殊种类的生物杀灭剂产品及处理物品在本

法规下豁免。

9. 活性物质和生物杀灭剂产品的废弃处置应当按照联盟或成员国的废弃物法执行。

## 第 3 章 术语定义

1. 为了本法规的目的，下列定义应当被应用：

(a) 生物杀灭剂产品

1) 生物杀灭剂产品是任何物质或混合物，以包含或可生成一种或多种活性物质的形式供应给使用者，目的是以除物理或机械外的方式破坏、阻止、使无害化、预防、控制任何有害生物体。

2) 生物杀灭剂产品是任何物质或混合物，由非上述 1) 中的物质或混合物生成，但目的也是以除物理或机械外的方式破坏、阻止、使无害化、预防、控制任何有害生物体。当处理物品的生物杀灭剂功能为其首要功能时，该产品被视为生物杀灭剂产品。

(b) 微生物

有能力繁殖或传递遗传物质的细胞或非细胞微观生物体，包括低等真菌、病毒、细菌、酵母、霉菌、藻类、原生动物和微小寄生虫。

(c) 活性物质

对有害生物体起对抗作用的物质或微生物。

(d) 现存活性物质

在 2000 年 5 月 14 日之前就已经作为生物杀灭剂产品的活性物质，且该生物杀灭剂产品的目的为非科学或过程导向的研究与开发。

(e) 新活性物质

在 2000 年 5 月 14 日之前没有被作为生物杀灭剂产品的活性物质，该生物杀灭剂产品的目的为非科学或过程导向的研究与开发。

(f) 关注物质

除活性物质以外，任何以其固有能力可立即或在更远的将来对人类，特别是弱势群体、动物和环境造成负面影响的物质，并且在生物杀灭剂产品中存在或生成，且足以呈现出风险。

除非有其他的关注理由，否则关注物质应该是：

1) 指令 67/548/EEC 下被分类为危险的物质，且在生物杀灭剂产品中的浓度足以使其满足指令 1999/45/EC 对“危险”的认定。

2）法规(EC) No 1272/2008 下被分类为有害的物质，且在生物杀灭剂产品中的浓度足以使其满足该法规对“有害”的认定.

3）符合法规(EC) No 850/2004 下对持久性有机污染物定义标准的物质，或者符合法规(EC) No 1907/2006 附件 III 对 PBT，vPvB 的定义标准的物质。

(g) 有害生物体

包括病原体在内，对人类、人类活动或人类使用制造的产品及动物、环境有害的生物体。

(h) 残留物

因为生物杀灭剂产品的使用.才出现在植物或动物产品、水源、饮用水、食品、饲料或环境中的物质，包括该物质的代谢物、分解或反应产物。

(i) 市场连通

在商业活动过程中，任何生物杀灭剂产品或处理物品的配送及使用，无论其是否收取费用。

(j) 投放市场

一个生物杀灭剂产品或处理物品首次在市场流通。

(k) 使用

用生物杀灭剂产品进行的所有操作，包括存储、处理、混合和应用。除出口生物杀灭剂产品或处理物品到欧盟境外为目的的上述操作外。

(l) 处理物品

被一种或多种生物杀灭剂产品处理过，或有意含有一种或多种生物杀灭剂产品的任何物质、混合物或物品。

(m) 国家授权

欧盟成员国的主管当局授权一个生物杀灭剂产品(族)在整个国内或部分地区市场流通和使用的行政行为。

(n) 联盟授权

欧盟委员会授权一个生物杀灭剂产品(族)在整个欧盟境内或其部分成员国内市场流通和使用的行政行为。

(o) 授权

国家授权,联盟授权,简化授权。

(p) 授权持有者

在欧盟境内,授权中指出需对生物杀灭剂产品在特定成员国或整个欧盟投放市场负责的人。

(q) 产品类别

生物杀灭剂产品的种类。

(r) 单个生物杀灭剂产品

组成中活性物质或非活性物质的百分比没有有意变化的生物杀灭剂产品。

(s) 生物杀灭剂产品族

一组拥有相同用途的生物杀灭剂产品,其活性物质有相同的规格,但组成成分会呈现出既定的变化,该变化不会影响到产品的风险与效力。

(t) 授信 LoA

被数据持有者或其代表签署的原始文件,声明了该数据可被主管当局、ECHA 或欧盟委员会,用于使得第三方在本法规方面获利的行为。

(u) 食品与饲料

参照法规(EC) No 178/2002 中定义的食品与饲料。

(v) 加工助剂

参照法规(EC) No 1333/2008 或法规(EC) No 1831/2003 中定义的加工助剂。

(w) 技术性等同

化学组成及有害属性的相同,且要么仅仅参照物质的来源不同,要么来源相同仅仅制造过程或制造地点发生了改变。

(x) ECHA

欧洲化学品管理署。

(y) 广告

通过印刷、电子或其他媒体促进生物杀灭剂产品销售或使用的行为。

(z) 纳米材料

天然或人造包含微粒的活性物质或非活性物质游离、聚集或凝聚态,50%以上的微粒在一个或多个三维尺寸上在 1—100nm 之间。

富勒烯，石里烯片，单壁的碳纳米管，如果在一个或多个三维尺寸上低于 1 nm，则应被视为纳米材料。

微粒—有清晰物理边界的小件物质。

凝聚—弱联合力的粒子集合或最终外表面区域类似单独个体的聚集体。

聚集—包含强力联合的或熔合的微粒的粒子。

(aa) 行政变更

对现存的授权做出的纯行政性质的变更。即对除生物杀灭剂产品(族)的性质及效力以外其他的变更。

(ab) 小变更

对现存的授权做出的非纯行政性质的变更，且仅需要进行有限的针对生物杀灭剂产品(族)性质和效力的重新评估。

(ac) 大变更

对现存的授权做出既非行政变更也非小变更的变更。

(ad) 易受伤害的群体

当评估生物杀灭剂产品的急性及慢性影响时，需要特殊考虑的人群。包括孕妇、哺乳期妇女、胎儿、婴儿、儿童、老年人，及长时间高度暴露于生物杀灭剂产品的工人和居民。

(ae) 小中型企业 SME

即委员会建议指令 2003/361 /EC 定义的微型、小型、中型企业。

2.法规(EC) No 1906/2007 中定义的“物质”“混合物”“物品”“产品及过程导向的研究与开发”“科学研究与开发”在本法规中同样适用。

3.欧盟委员会实施相关行为来帮助判断确定纳米材料及生物杀灭剂产品或处理物品且有权力修改关于纳米材料的定义。

## 第 2 篇　活性物质的批准

### 第 4 章　批准条件

1.一般情况下，活性物质首次被批准的时间期限不得超过 10 年，如果该活性物质符合排除标准，那么这个期限不得超过 5 年。

2.活性物质的批准必须限制于那些已经提交了数据的产品类别。

3.批准应当说明以下条件：

（a）活性物质的最小纯度

（b）杂质的一般浓度和最大浓度

（c）产品类别

（d）使用区域和使用方法（如果相关，还要说明在处理物品时的使用方法）

（e）设计使用者类别

（f）化学成分特性描述，包括同分异构体

（g）其他基于活性物质信息评估的特别条件

（h）活性物质的批准给予时间与批准失效时间

4. 除非明确地指出，否则活性物质的批准不包括其纳米形态.

## 第 5 章　排除标准

1. 以下活性物质不得被批准：

（a）被 CLP 法规分类为致癌 1A 或 1B 的物质。

（b）被 CLP 法规分类为致突变 1A 或 1B 的物质。

（c）被 CLP 法规分类为生殖毒性 1A 或 1B 的物质。

（d）被 REACH 法规第 57，59 章确认为有内分泌干扰性能的物质。

（e）被 REACH 法规附件ⅩⅢ确认为 PBT 或者 vPvT 的物质。

2. 如果活性物质在上述不被批准的范围内，当它符合至少一条下列条件时，则可以获得批准：

（a）在实际最坏的使用条件下，人类、动物及环境暴露在生物杀灭剂产品的活性物质下的风险可以忽略，特别是该产品是使用在一个封闭的系统中，或者其他能避免与人类接触或排人环境中的条件下。

（b）有证据显示，该活性物质是预防和控制对人类健康、动物健康及环境产重危害的必需品。

（c）对比对人类健康、动物健康及环境的风险，活性物质的使用没有被证明对社会有着不成比例的负面影响。

当决定是否批准一个活性物质时，合适的可替代活性物质与技术是否可得，应该成为一个关键考虑要素。

使用含有根据本节原则批准的活性物质的生物杀灭剂产品时应当施用适当的风险缓和措施来确保最小化人类、动物及环境在那些活性物质前的暴露。使用含有关注物质的生物杀灭剂产品应当在成员国中符合至少一条本节中的条件。

3. 委员会应当根据内分泌干扰性能的科学标准在 2013 年 12 月 13 日之前采取一定措施。

在这些科学标准的采纳期间，CLP 法规下的致癌 2 类和生殖毒性 2 类的物质应当被视为有内分泌干扰性能。

CLP 法规下的生殖毒性 2 类和对内分泌器官有毒性影响的物质，应当被视为有内分泌干扰性能。

## 第 6 章　数据要求

1. 活性物质的批准申请，应当至少包含下列信息：

(a) 活性物质满足本法规附件Ⅱ数据要求的卷宗。

(b) 包含该活性物质的至少一个代表生物杀灭剂产品满足本法规附件Ⅲ数据要求的卷宗。

(c) 如果活性物质满足至少一条排除条款，那么支持其可以获得批准的证据。

2. 如果有下列条件满足时，申请人则不需要提供完整的上述要求：

(a) 考虑到使用的暴露场景，数据非必需。

(b) 科学上，数据非必需。

(c) 技术上，获取数据不可行。

然而，如果评估主管当局要求，为判断活性物质是否符合排除标准或候选替换物质标准，则申请者需要提供完整的数据信息。

3. 申请者可以根据本法规附件Ⅳ，提议修改本节提出的数据要求。申请者应当依据附件Ⅳ清晰地陈述对数据要求的调整。

4. 委员会有权采纳授权行为来指出哪些是构成修改数据要求的充分理由。

## 第 7 章　申请的提交与生效

1. 申请者应当向 ECHA 提交活性物质的批准申请或活性物质批准条件的后续修改申请，并告知 ECHA 后期进行申请评估的成员国主管当局的名称，以及该主管当局的书面意见书。

该主管当局即为评估主管当局。

2. ECHA 应向申请者告知所需费用，并有权拒绝该申请，如果申请者在 30 天内未缴费，则 ECHA 也需向申请者和评估主管当局进行通报。

在接收到申请者的费用后，ECHA 应当接受该申请，并通知申请者和评估主管当局，表明申请接受日期和其唯一的标识码。

3. 在 ECHA 接受申请的 30 天内，如果数据卷宗满足要求，且对数据要求的修改理由也已经提交，那么评估主管当局应当使该申请生效。

在该生效的内容中，评估主管当局不应当对数据和修改理由的质量和充分性进行评估。评估主管当局应当在 ECHA 接受申请后尽快通知申请者所需费用，并有权拒绝该申请，如果申请者在 30 天内未缴费，则该评估主管当局也需向申请者进行通报。

4. 当评估主管当局认为申请是不完整的，其应当通知申请者，为该申请的生效，哪些附加信息是必需的，且应当设立一个合理的提交补充信息的期限。通常情况下，该时间不超过 90 天。

评估主管当局应在收到附加信息 30 天内，且该附加信息在充分符合了要求的情况下使其生效。如果申请者在期限内未提交被要求的附加信息。那么评估主管当局需要拒绝该申请，并向申请者和 ECHA 通报。如果这样，已缴费用应当被归还。

5. 评估主管当局在使申请生效方面，不得再告知申请者，ECHA 和其他相关主管当局申请生效日期上有延迟。

6. 本节可以被申诉。

## 第 8 章 申请的评估

1. 评估主管当局应当在申请生效 365 天内，根据批准条件和排除标准来评估，并将评估报告及评估结论发送至 ECHA。

在发送评估结论至 ECHA 之前，评估主管当局应在 30 天内给予申请者提供关于评估报告和评估结论书面意见的机会。评估主管当局在最终的评估结果中应充分考虑这些书面意见。

2. 当进行评估时需要附加信息，评估主管当局应当向申请者要求在一定期限内提交相关信息，并对 ECHA 进行通报。评估主管当局应当要求申请者提供充分的数据来支持判断活性物质是否满足被批准的条件。第一段中提到的 365 天的时间应当在提出本段中信息需求的那天起暂停。该暂停总的时间不得超过 180 天，除非因为被要求的数据的本性或特殊情况。

3. 当评估主管当局考虑到有关人类健康、动物健康及环境会受到含有相同或不同活性物质的生物杀灭剂产品的使用带来蓄积作用的影响时，该主管当局应当记录这种影响。

4.在接收到主管当局的评估结论后270天内，ECHA在参考评估主管当局的结论的情况下，应当准备并提交给欧盟委员会一份关于活性物质批准的建议。

## 第9章 活性物质的批准

1.委员会应当在接收到ECHA的建议时：

(a)如果该物质被批准，则需采纳一部包括该活性物质被批准日期和批准失效日期的实施法规。

(b)如果该物质不符合活性物质批准的条件，或者也没有满足排除标准的豁免，或者需要的信息和数据没有在预期的时间内提交，则申请者需接受活性物质被拒绝的决议。这些实施行为应当根据委员会的检查程序来进行。

2. 被批准的活性物质应当被包括进一个联盟被批准活性物质清单中。委员会应当保持该清单的时效性及电子途径公众可得性。

## 第10章 候选替换的活性物质

1.满足以下条件的活性物质应当被认为是候选替换活性物质：

(a)满足至少一条排除标准，但由于排除标准豁免条款的缘故获得了批准的活性物质。

(b)被CLP分类为呼吸敏感。

(c)它的每日摄取允许量，急性参考剂量或者可接受的操作者暴露水平，显著低于那些其他被批准的相同产品类别和使用场景的活性物质。

(d)满足2条REACH法规附件XⅢ对PBT分类要求的物质。

(e)通常情况下有合理的关于该物质对自然界危急影响的顾虑，且即使考虑到使用方法和用量仍然会带来此类顾虑的，比如，在高度限制风险管理方法下仍然对地下水的高度风险的物质。

(f)含有显著比例的非活性异构体或杂质。

2.当准备一个活性物质的批准建议及续期建议时，ECHA应该检查该活性物质是否符合上段中的任何一条，并记录在该意见中。

3.在向委员会提交关于活性物质的批准建议或续期建议时，ECHA应当向公众公布关于潜在替补候选物质的信息，且公布时间不超过60天，其中，有兴趣的第三方组织可以提交关于替换物质的附加信息。ECHA应当在其做出最终建议的时候充分考虑这类信息。

4. 候选替换物质的批准时间和续期时间不应超过 7 年。

5. 候选替换物质的批准应该在其被批准的法规中表明候选替换身份。

### 第 11 章　技术指南

委员会应该起草技术性指南文件，特别是关于本篇中第 5 章(2)和第 10 章(1)，用以促进本篇法规的实施。

## 第 3 篇　活性物质批准的续期与复审

### 第 12 章　续期的条件

1. 如果活性物质在批准失效时仍然满足批准条件和排除豁免条款，那么委员会应当为其批准续期。

2. 随着科学和技术的进步，委员会应当适当调整批准的条件内容。

3. 活性物质的续期 15 年有效，除非在复审时发现在其批准实施法规中有特别声明。

### 第 13 章　申请的提交与接受

1. 申请者需要在批准失效前 550 天向 ECHA 提交活性物质一种或几种产品类别批准的续期申请。当不同的产品类别有不同的有效时间时，申请应当在最早批准失效日期前 550 天提交。

2. 申请活性物质批准的续期时，申请者需要提交：

(a) 从该活性物质首次被批准或先前的续期开始，其产品申请授权时所有相关数据。

(b) 该活性物质初始或先前评估依然有效的评估或任何支持文件。

3. 申请者也应当提交他提议的成员国主管当局的名称，以及该主管当局的书面同意书，该主管当局就是评估主管当局。

ECHA 应当通知申请者缴费，并拒绝未在 30 天内缴费的申请。如此，则 ECHA 也需向申请者和评估主管当局进行通报。

4. 本节可以被申诉。

### 第 14 章　续期申请的评估

1. 基于对可得信息的评估与最初批准评估结论的重审，评估主管当局应当根据当前的科学知识，考虑续期需求的全部产品类别，在 ECHA 接受申请 90 天内决定是否需要进行申请续期的全评估。

2. 当评估主管当局决定需要进行申请的全面评估时，则评估的流程将按照活性物质评审的原始程序实施。

当评估主管当局认为不需要进行全面评估时，其应当在 ECHA 接受申请 180 天内，准备并向 ECHA 提交关于活性物质批准续期的建议。如此，则需向申请者也提供复印件。评估主管当局应当尽快在 ECHA 接受申请之后，通知申请者缴纳费用，并拒绝未在 30 天内缴费的申请。

3. 在接受评估主管当局的建议 270 天内（实施全评估），或者 90 天（不实施全评估），ECHA 需要准备并向委员会提交活性物质批准续期的建议。

4. 委员会需要在接收到 ECHA 建议后，采取以下行为：

(a)执行该活性物质被批准的法规，该法规中需提供活性物质被续期的一种或多种产品类别和条件。

(b)执行该活性物质被拒绝续期的决议。

这些执行行为应当按照委员会的检查程序进行。

5. 当原因超出申请者的控制时，活性物质的批准在续期的决议出来之前就将要到期的，委员会应该将该物质的原有效时间推迟，并使其能完成批准续期的申请。该行为应当按照委员会的建议程序进行。

6. 当委员会决定不给予续期或修正活性物质一种或多种产品的批准时，成员国（在联盟授权的情况下）或者委员会应当取消或修正已经由此批准获得了的生物杀灭剂产品的授权。

## 第 15 章　活性物质批准的复审

1. 委员会一旦发现被批准的活性物质不符合批准条件或排除标准的豁免条款时，就应当对该活性物质的批准进行复审。如果该成员国发现在生物杀灭剂产品中或处理物品中使用的活性物质会对环境的安全性带来显著的危害。委员会也可根据成员国的要求对活性物质进行复审，委员会应当公布复审的相关信息，并提供给申请人提交意见的机会。委员会应当在其复审中充分考虑这些意见。

当上述信息得到确认后，委员会应当发布修正活性物质批准条款或者取消该批准的法规。该执行行为应当按照委员会检查程序来进行，并相应地通知最初的申请者。紧急情况下，委员会应当立即采取上述措施。

2. 委员会可以就有关活性物质批准复审的科学和技术问题咨询ECHA。ECHA应当在收到请求270天内，准备并提交回复给委员会。

3. 当委员会决定取消或修正一个活性物质的批准时，成员国（在联盟授权的情况下）或者委员会应当取消或修正已经由此批准获得了的生物杀灭剂产品的授权。

### 第16章 实施方法

委员会应当公布以上三篇细节的执行方案。

## 第4篇 生物杀灭剂产品授权的一般规则

### 第17章 生物杀灭剂产品的使用与投放市场

1. 除非获得了BPR授权，否则生物杀灭剂产品不得流通于市场或被使用。

2. 授权的申请应当由预期授权持有者提交。

成员国的国家授权申请，应当被提交给该国的主管当局（接收主管当局）。

联盟授权的申请，应当被提交给ECHA。

3. 授权应被赋予单个生物杀灭剂产品或一个生物杀灭剂产品族。

4. 授权的有效期不得超过10年。

5. 生物杀灭剂产品应当按照授权规定的条件来使用，且需要按照本法规规定的要求进行标签与包装。

适当的使用条件包括物理、生物、化学或其他方法的合理组合，且应当遵循"最小必需"和"适当预防"的原则。

成员国应该采取适当的措施为公众提供关于生物杀灭剂产品使用益处和误用风险的相关信息。

6. 授权持有者应当通报每个主管当局其获得一个生物杀灭剂产品族中任意一个产品的授权，且不得晚于将其投放市场前30天，除非其授权中有特别声明，或该产品族中仅颜料、香味、染料在允许的范围内变化。该通报应当显示准确的成分、交易名、授权号的后缀。在联盟授权中，授权持有者应当通报ECHA和委员会。

7. 委员会应当明确相同或不同企业在相同条件下的相同产品的授权过程。该行为需要根据委员会的检查程序进行。

### 第18章 生物杀灭剂产品可持续利用的措施

到2015年6月18日，委员会应当依据本法规实施的经验，提交给欧洲议会和理事会一份关于本法规对生物杀灭剂产品可持续使用的贡献报告，其中应包括采取额外措施去减少生物杀灭剂产品带来的人类健康、动物健康和环境的风险的必要性，特别是对于专业使用者来说。该报告应当检查：

(a)最小化生物杀灭剂产品使用的最佳实践方法的提升。

(b)最佳的生物杀灭剂产品使用监管方式。

(c)与生物杀灭剂产品使用相关的病虫害综合治理方针的开发和应用。

(d)生物杀灭剂产品在特殊区域如学校、工作场所、幼儿园、公共区域、敬老院或地表水及地下水周边使用带来的风险，以及为了解这些风险是否需要采取其他额外措施。

基于那份报告，委员会应当根据普通立法程序提交一份采纳建议。

## 第19章 基于授权的条件

1.除了符合简化授权的生物杀灭剂产品外，所有生物杀灭剂产品应当在下列条件都满足的情况下，才能获得授权：

(a)活性物质被批准，且被批准的产品类别或条件都满足。

(b)当产品被作为授权产品使用时满足以下标准：

(i)该生物杀灭剂产品充分有效。

(ii)该生物杀灭剂产品没有对目标生物体有不可接受的作用，特别是对脊椎动物来说没有不可接受的抗性或交互抗性，或者不必须的痛苦和疼痛。

(iii)该生物杀灭剂产品自身没有立刻的或延迟的不可接受的影响，或者其残留物对人类健康，包括弱势群体，动物，直接或通过饮用水、食物、饲料、空气或通过其他非直接的方法没有不可接受的影响。

(iv)该生物杀灭剂产品自身没有不可接受的作用，或者其残留物对环境，有下列特别考虑因素：

■该生物杀灭剂产品在环境中的结局和分布。

■地表水(包括海水和入海口)、地下水、饮用水、空气、土壤的污染，包括经过大范围环境流动在远距离的污染。

■该生物杀灭剂产品对非目标生物体的影响。

■该生物杀灭剂产品对生物多样性及生态系统的影响。

(c)生物杀灭剂产品中活性物质的身份、数量和技术等同性、有显著毒理性质和生态毒理性质的相关杂质和非活性物质，及由使用导致的残留物，以上根据本法规附件Ⅱ和附件Ⅲ的要求来决定。

(d)生物杀灭剂产品的理化性质被认为是适合产品使用和运输的。

(e)依照以下法规建立了生物杀灭剂产品中的活性物质残留物在食品和饲料中的最大残留限度；

■法规(EC)No 315/93 食品污染物法。

■法规(EC)No 1935/2004 食品接触材料法。

■法规(EC)No 396/2005 食品饲料杀虫剂最大残留限度法。

■法规(EC)No 470/2009 食品中活性物质残留的药理极限。

■指令 2002/32/EC 饲料中不期望物质指令。

(f)产品中使用纳米材料的，对人类健康、动物健康和环境的风险已经被独立评估。

2.对生物杀灭剂产品是否符合上述(b)的判断应考虑以下因素：

(a)生物杀灭剂产品现实被使用最差的条件。

(b)处理物品被生物杀灭剂产品处理或包含生物杀灭剂产品的方法途径。

(c)生物杀灭剂产品的使用结果与弃置。

(d)蓄积作用。

(e)协同作用。

3.生物杀灭剂产品应当只针对提交了相关信息的用途进行授权。

4.当满足以下条件时，生物杀灭剂产品不应当被授权投放市场：

(a)满足指令 1999/45/EC 的条件被分类为：

■有毒或极毒的。

■致癌 1 类或 2 类。

■致突变 1 类或 2 类。

■生殖毒性 1 类或 2 类。

(b)满足法规(EC)No 1272/2008 的条件被分类为：

■急性口服毒性 1 类、2 类或 3 类。

■急性皮肤毒性 1 类、2 类或 3 类。

■急性呼吸毒性(气体和微粒)1 类、2 类或 3 类。

■急性呼吸毒性(蒸汽)1 类或 2 类。

■致癌 1A 类或 1B 类。

■致突变 1A 类或 1B 类。

■生殖毒性 IA 类或 IB 类。

(c)满足法规(EC)No 1907/2006 附件XIII的条件被分类为 PBT 或 vPyB 类的物质。

(d)有内分泌干扰的特性。

(e)有发展性的神经毒性或免疫毒性。

5. 当生物杀灭剂产品没有完全符合第一段(b)中第 3 条和第 4 条的条件时,其也是可以获得授权的。另外,即使一个生物杀灭剂产品完全符合上述条件,在某些情况下依然能够获得授权,比如当不给予该生物杀灭剂产品的授权而造成的负面影响远远大于其在授权条件下的使用给人类健康、动物健康或环境带来的风险水平时。

依照本段原则获得授权的生物杀灭剂产品应当遵循适当风险消减的原则以确保人类和环境的暴露风险得以最小化。依照本段原则获得授权的生物杀灭剂产品还应当被成员国限制在上一小节中说明的条件内使用。

6. 如果考虑到生物杀灭剂产品族的情况,一种或多种活性物质的含量百分比的减少应当被允许,另外非活性成分含量百分比的变更和被其他特殊的低风险物质所替代也应当是被允许的。同一生物杀灭剂产品族中的生物杀灭剂产品的分类、有害物质和预防声明应当是相同的(包括专业用途的浓缩态或可以通过稀释的获得产品)。

只有当一个生物杀灭剂产品族中的所有生物杀灭剂产品都符合第 1 段中所述的条件,该生物杀灭剂产品族才能获得授权。

7. 如果适当的话,预期的授权持有者或其授权代表应当根据法规(EC)No 315/93,法规(EC)No 1935/2004,法规(EC)No 396/2005,法规(EC)No 470/2009,指令 2002/32/EC 中申请建立生物杀灭剂产品中活性物质的最大残留限度。

8. 对于法规(EC)No 470/2009 第 10 章(1)(a)中提到的活性物质,如果在其批准文档中没有任何最大残留限度或需要根据该法规第 9 章对其最大残留限度进行修改时,应当参考其第 10 章(1)(b)中的程序。

9. 如果一种生物杀灭剂产品是直接用于人类外部组织(表皮、头发、指甲、嘴唇和外生殖器),或者牙齿和口腔黏膜,那么它不应该含有任何在化妆品法规中排除的非活性物质。

## 第 20 章　授权申请的要求

1. 申请者需要提交以下文档:

(a)不满足第 25 章中条件的生物杀灭剂产品需要提交:

(i)生物杀灭剂产品满足附件Ⅲ要求的卷宗或授权信。

(ii)生物杀灭剂产品性质摘要,包括第 22 章(2)中的(a),(b)和(c)～(q),如果适用的话。

(iii)生物杀灭剂产品中活性物质满足附件Ⅱ要求的卷宗或授权信。

(b)申请者认为满足第 25 章中条件的生物杀灭剂产品需要提交:

(i)生物杀灭剂产品关于本节(a)(ii)的性质总结。

(ii)效力数据。

(iii)其他支持生物杀灭剂产品满足第 25 章中条件的相关证据。

2.受理主管当局可以要求生物杀灭剂产品国家授权的申请以该国的一种或多种官方语言的形式提交。

3.根据第 43 章提交的联盟授权,申请者应当以欧盟接受的评审主管当局的官方语言提交本章第 1 段(a)(ii)关于生物杀灭剂性质总结的文件。

## 第 21 章　数据要求的豁免

1.作为对第 20 章的减损,申请者可以在下列情况发生时不需提供数据:

(a)由于设计使用和暴露的缘故,不需要提供数据。

(b)科学上不必需提供数据。

(c)技术上不可行。

2.申请者可以根据附件Ⅳ提议调整第 20 章的数据要求。该提议应当按照附件Ⅳ的规则被清晰地公正。

3.为了确保本章第 1 节(a)的实施,委员会应当根据第 83 章的内容采取适当措施来说明什么情况下的设计用途和暴露可以去申请数据调整。

## 第 22 章　授权内容

1.授权应当规定关于生物杀灭剂产品或生物杀灭剂产品族投放市场和使用的条款和条件,包括生物杀灭剂产品性质的总结。

2.在不与第 66 章和第 67 章冲突的条件下,对于单个生物杀灭剂产品性质的总结,或生物杀灭剂产品族中的某种生物杀灭剂产品,应当包括以下信息:

(a)生物杀灭剂产品的贸易名。

(b)授权持有者的名称和地址。

(c)授权生效的日期和失效日期。

(d)生物杀灭剂产品的授权号,如果是生物杀灭剂产品族,则应该包括适用于该族中每一个生物杀灭剂产品的后缀号。

(e)活性物质和非活性物质定性和定量的组成,生物杀灭剂产品适当使用的必备知识;对于生物杀灭剂产品族,定量组分应该给出每个活性物质或非活性物质的最大、最小百分含量,某些物质的最小含量可以为零。

(f)生物杀灭剂产品的制造商(名称、地址、制造工厂地址)。

(g)活性物质的制造商(名称、地址、制造工厂地址)。

(h)生物杀灭剂产品的剂型。

(i)危害和预防的声明。

(j)产品类别和授权使用的精确描述。

(k)目标有害物。

(l)施用剂量和使用说明。

(m)使用者类别。

(n)直接或间接不良反应的细节,急救说明和包括环境的紧急措施。

(o)产品的安全弃置和包装的说明。

(p)仓储的条件及生物杀灭剂产品在普通仓储条件下的贮藏寿命。

(q)其他生物杀灭剂产品的相关信息。

## 第 23 章　生物杀灭剂产品的比较评估

1. 受理主管当局或者评估主管当局应当对含有候选替换物质作为活性物质的生物杀灭剂产品执行比较评估,并将其作为授权申请评估和授权重审评估的一部分。

2. 比较评估的结果应当立即提交其他成员国主管当局和 ECHA,如果是联盟授权的情况,则还应提交给委员会。

3. 受理申请主管当局或委员会(联盟授权的情况下)应当禁止或限制比较评估的结果满足以下标准的含有候选替换物质的生物杀灭剂产品的使用或投放市场:

(a)市场上已有其他已授权的生物杀灭剂产品,或存在一种非化学方法控制或阻断有害生物体,且其呈现出对于人类健康、动物健康及环境更低的风险,并充分有效,且也没有其他的经济上的显著不利。

(b)活性物质的化学多样性足以最小化有害基团对生物杀灭剂产品抗性的发生概率。

4. 作为对于第 1 段的减损，含有候选替换物质作为活性物质的生物杀灭剂产品可以被给予一个不超过 4 年的授权，且在需要先进行使用实践并获得经检验后的情况下，可以不先进行比较评估。

5. 如果因为规模和结果的原因，比较评估包括的问题应当在欧盟层面被陈述，如它涉及两个或多个主管当局，那么受理成员国应当将问题提交给委员会做决定。委员会应当通过实施第 82 章(3)中的检查程序采纳最终的决议。

根据第 83 章，委员会应当被赋予权力来建立将比较评估的问题递交给欧盟层面的标准。

6. 给予含有候选替换物质作为活性物质的生物杀灭剂产品的授权有效期不得超过 5 年，且授权续期也不得超过 5 年。

7. 如果根据第 3 段决定不予某生物杀灭剂产品的授权或使用，那么该否决的取消或修正应该在否决条款生效后 4 年生效。然而，当替换候选物质作为活性物质的批准在一个比较早的日期失效，那么其授权的取消也应当在那个较早的日期生效。

### 第 24 章　技术指南文件

委员会应当起草用于促进本篇实施的指南文件，尤其针对第 22 章(2)和第 23 章(3)。

## 第 5 篇　简化授权程序

### 第 25 章　简化授权的资格

对于一个合格的生物杀灭剂产品，其授权申请可以在一个简化的授权程序下被执行，如果一个生物杀灭剂产品满足下列条件，那么该产品就可以认为是有简化授权申请的资格：

(a)生物杀灭剂产品中包含的所有活性物质都出现在附件Ⅰ中且满足该附件的所有限制条件。

(b)生物杀灭剂产品不含任何关注物质。

(c)生物杀灭剂产品不含任何纳米材料。

(d)生物杀灭剂产品充分有效。

(e)生物杀灭剂产品的处理和设计使用时无须个人防护设备。

### 第 26 章　申请程序

1. 满足第 25 章要求的活性物质的授权申请者应当向 ECHA 提交授权申请，并告之其提议评估申请的成员国主管当局，还有提供该主管当局统一受理申请评估的书面证明。该主管当局应当作为评估主管当局。

2.评估主管当局应当通知申请者第82章(2)下缴纳的费用，并在申请者30天内未付款的情况下，拒绝申请并通知申请者。

在收到第82章(2)下要缴纳的费用后，评估主管当局应当接受申请并通知申请者，且说明接受日期。

3.在接受申请90天内，评估主管当局在该生物杀灭剂产品满足第25章条件的情况下给予产品授权。

4.如果评估主管当局认为申请不完整，那么它可以通知申请者还需要哪些附加信息，且应当设立一个提交信息的合理的时间限制。该时间限制不应超过90天。

评估主管当局应当在接受到附加信息90天内，给予符合条件的生物杀灭剂产品授权。

评估主管当局应当在申请者没有在截止日期之前提交附加信息的情况下拒绝申请，并通知申请者。如果这样，那么已经按照第80章(2)收取的费用应当被退回。

### 第27章　根据简化授权程序获得产品授权的生物杀灭剂产品的市场流通

1.根据第26章获得授权的生物杀灭剂产品可以在所有成员国市场流通，而无须进行多国互认。然而，授权持有者应当在将产品投放目标市场前30天通知每一个相关成员国，且应当在产品标签上使用该国官方语言，除非该国有特殊声明。

2.当非评估主管当局认为生物杀灭剂产品根据第26章获得的授权没有被通报或者标签没有符合第25章的要求，它可以根据第35章(1)将此事提交给协调小组。第35章(3)和第36章应当加上必要的变更。

当一个成员国有正当的原因认为根据第26章获得授权的生物杀灭剂产品不满足第25章中所列的标准，且按照第35章和第36章的决议还未出台，那么该成员国可以临时限制或禁止该生物杀灭剂产品在其领土市场上的流通或使用。

### 第28章　附件Ⅰ的修正

1.为了将那些依据本章第2段的标准，没有关注风险的活性物质收录入附件Ⅰ，在收到ECHA的意见后，委员会有权利根据第83章对附件Ⅰ进行修正。

2.当满足下列条件时，活性物质被认为是有关注风险：

(a)它们满足法规(EC)No 1272/2008的分类标准：

■爆炸性的/高度易燃的。

■有机过氧化物。

■剧烈毒性类别1,2或3.

■腐蚀性类别1A,1B或1C。

■引起呼吸敏感的。

■引起皮肤敏感的。

■引起生殖细胞诱变类别1或2。

■致癌物质类别1或2。

■人类生殖毒性类别1或2,或通过哺乳/哺乳期导致的生殖毒性类别。

■通过单次或重复暴露有特殊标靶生物毒性的。

■严重的水生生物毒性类别1。

(b)满足任何第10章的替换标准。

(c)有神经毒性或免疫毒性。

即使活性物质不满足上述任何标准,但当其可能引起的风险关注等同于上述标准时,也可以被认为是有关注风险的。

3.为了限制或禁止那些在某些环境下不满足第25章第1段中条件的生物杀灭剂产品中的活性物质被录入附件Ⅰ,委员会有权利根据第83章,在收到ECHA的意见后,采取适当的措施修正附件Ⅰ。当紧急情况发生时,第84章提供的程序可以为了本段的目的而实施。

4.委员会根据上述段落中证据可自发地也可在相关企业、成员国的要求下实施第1段或第3段。

无论何时,在委员会修正附件Ⅰ的过程中,其必须就每一个物质采取单独的行为措施。

5.委员会还可以对关于附件Ⅰ修正的程序内容进行特殊的解释。这些解释应当根据第82章(3)的检查程序被采纳。

## 第6篇 生物杀灭剂产品的国家授权

### 第29章 授权的提交和生效

1.意于申请第17章中国家授权的申请者应当向受理主管当局提交申请。受理主管当局应当根据第80章(2)通知申请者应缴费用,如果申请者在30天内未成功缴费,受理主管当局有权拒绝申请，并通知申请者，一旦收到第 80 章(2)中的相关款项，受理主管当局应当接受申请并通知申请者，告之申请被接受的日期。

2. 在接受申请 30 天内，受理主管当局应当在申请满足下列条件时使之生效。

(a)第 20 章中的相关信息被提交。

(b)申请者申明没有向其他主管当局提交相同生物杀灭剂产品相同用途的国家授权申请。在第 1 段的生效文件中，受理主管当局不应当对数据或证据的质量和完整性做任何评估。

3. 当受理主管当局认为申请是不完整时，其应该通知申请者补充哪些信息以使申请生效，且应设定一个合理的提交附加信息的时间限制。该时间限制不应超过 90 天。

如果附加信息满足第 2 段中所列的要求，受理主管当局应当在接收到附加信息后 30 天内使申请生效。

4. 第 71 章中提到的 R4BP 中显示的主管当局(并非受理主管当局)会检查评估关于相同生物杀灭剂产品或已授权的相同杀灭产品的申请，受理主管当局有权拒绝评估申请。如果这样，受理主管当局应当通知申请者根据第 33 章或第 34 章寻求多国互认的可能性。

5. 如果第 3 段没有实施，且受理主管当局应当认为申请是完整的，那么它应当申请生效并立即通知申请者，告之申请生效的时间。

## 第 30 章　申请的评估

1. 受理主管当局应当在申请生效后 365 天内决定是否根据第 19 章给予生物杀灭剂产品授权。如果适用，其应当参考第 23 章中比较评估的结果。

2. 当需要附加信息进行产品评估时，受理主管当局应当向申请者要求，在一定的时间限制内提交所需消息。第 1 段中所说的 365 天的周期应当从追加附加信息，直到收到追加的信息为止。暂停总时间不应超过 180 天，除非有因为数据本身的自然属性或其他例外情况。

受理主管当局在申请者未能在规定的期限内提交所需信息的情况下有权拒绝其申请，且应当通知申请者。

3. 第 1 段中所提到的 365 天的周期，受理主管当局应当：

(a)起草一份报告，总结其评估和授权生物杀灭剂产品的理由或者拒绝授权生物杀灭剂产品的理由(即评估报告)。

(b)向申请者发送这份评估报告草案的电子拷贝文档,并提供申请者未在30天内提交相关评论的机会。

(c)在最终评估时充分考虑那些评论。

## 第31章 国家授权的续期

1.意于为一个或多种产品类别的生物杀灭剂产品申请授权续期的授权持有者应当在授权失效前550天,向受理主管当局提交续期申请。当申请者是为多于一种产品类别的产品申请续期时,其应该在其中最早的一个失效日期前550天提出申请。

2.如果某产品依然满足第19章所述的条件,那么受理主管当局应当为其国家授权进行续期。如果适用,还应考虑第23章中提及的比较评估的结果。

3.在申请续期时,申请者应当提交:

(a)在不违背第21章(1)的情况下,首次申请时(或上一次续期时)生成的第20章要求的所有相关数据。

(b)关于生物杀灭剂产品最初或先前评估是否仍然有效的评估和任何其他支持信息。

4.受理主管当局应当通知第80章(2)中申请应缴的费用,并在申请者未在30天内完成缴费的情况下拒绝申请,告之申请者。

在收到申请者缴纳的第80章(2)中款项后,受理主管当局应当接受申请并通知申请者,告之生效时间。

5.给予对可得信息的评估和对授权申请最初评估的结论的重审,受理主管当局应当在90天内根据第4段接受申请,并根据当前科学知识所关联的所有产品类别,决定是否对续期申请进行完整评估。

6.当受理主管当局决定需要进行对申请的完整评估时,它应当根据第30章第1,2,3段的内容在实施对申请的评估后决定是否给予授权续期。

当受理主管当局认为没有必要进行完整评估时,它应当根据本章第4段的内容在180天内决定是否给予授权续期。

7.因为国家授权持有者控制能力以外的原因,在授权失效前没能产生任何关于授权续期的决议,那么受理主管当局应当需要给予其一定的过渡时间以完成评估。

# 第7篇　多国互认的程序

## 第32章　授权的多国互认

1. 国家授权多国互认的申请应当遵循第33章(跟随互认)或第34章(平行互认)中给出的程序进行。

2. 所有收到生物杀灭剂产品国家授权多国互认申请的成员国应当根据本篇列出的程序,在相同条款和条件下给予生物杀灭剂产品授权。

## 第33章　跟随互认

1. 对于申请跟随互认的申请者来说,他的生物杀灭剂产品在其他一个或多个成员国已经根据第17章的内容获得了授权,那么其应当向所有相关成员国的主管当局提交申请,并提交相应国际官方语言版本的原始国家授信的翻译件。

相关成员国主管当局应当通知申请者关于第80章所列的相关费用,并且可以在30天内未收到相应款项的情况下拒绝申请,并通知申请者和其他成员国主管当局。一旦收到申请者关于第80章所列的相关费用,相关成员国主管当局应当接受申请并通知申请者接受日期。

2. 在接受申请30天内,相关成员国应当使申请生效,并通知申请者,告之申请生效的日期。

在申请生效90天内,根据第35章、36章和37章的内容,相关成员国应当就第22章(2)对生物杀灭剂产品特性的摘要达成一致并接受,并在R4BP中记录。

3. 在达成一致意见后30天内,相关的每一个成员国应当根据生物杀灭剂产品特性摘要的一致意见给予产品授权。

4. 如果在90天内,相关成员国之间没有达成第2段中所谓的一致意见,那么仅接受生物杀灭剂产品特性摘要的成员国可以赋予产品授权。

## 第34章　平行多国互认

1. 对于申请平行互认的申请者来说,他的生物杀灭剂产品还未获得第17章中在其他任何一个成员国的产品授权,那么其应当向他选择的参考成员国主管当局提交申请,申请应包含以下内容:

(a)第20章中要求的信息。

(b)申请者产品正在申请国家授权的所属成员国清单。

参考成员国应当为申请的评估负责。

2. 申请者应当根据第 1 段向参考成员国提交申请的同时，向每一个授权多国互认的相关成员国主管当局提交该申请，这份申请应当包括：

(a)参考成员国和相关成员国的名称。

(b)第 20 章(1)(a)(ii)中提到的生物杀灭剂产品特性摘要，以各相关成员国官方语言的形式。

3. 参考成员国和相关成员国应当根据第 80 章的内容通知申请者应缴费用，如果在 30 天未收到该费用，那么有权拒绝受理该申请并通知申请者和其他主管当局。一旦收到申请者关于第 80 章的费用后，参考成员国和相关成员国的主管当局应当接受申请，并通知申请者，告之申请受理日期。

4. 参考成员国应当根据第 29 章(2)使申请生效，并通知申请者和相关成员国。

在申请生效后 365 天内，参考成员国应当评估申请，并根据第 30 章(3)起草一份评估报告，还应将其评估报告和生物杀灭剂产品的特性摘要发送给相关成员国和申请者。

5. 在收到第 4 段中提到的相关文件后 90 天内，根据第 35 章、36 章、37 章，相关成员国应当在生物杀灭剂产品的特性摘要上达成一致，并在 R4BP 上记录。参考成员国应当在 R4BP 中录入生物杀灭剂产品的特性摘要、最终的评估报告、任何一致条款以及生物杀灭剂产品使用和流通的条件。

6. 在达成一致后 30 天内，参考成员国和其他每一个相关成员国应当根据对生物杀灭剂产品特性摘要的一致认同，给予产品授权。

7. 如果在 90 天内，未达成第 5 段中所述的一致意见，那么每一个认同生物杀灭剂产品特性摘要的国家可以单独给予产品授权。

## 第 35 章　将争议提交协调小组

1. 应该成立一个协调小组来检查除第 37 章以外的问题，如关于生物杀灭剂产品多国互认的申请是否满足第 19 章列出的赋予授权的条件。

所有的成员国和委员会都有权参与协调小组的工作，ECHA 应当提供建立协调小组秘书处的资源。协调小组应当建立自己行为的准则。

2. 如果任何相关成员国认为被参考成员国评估的生物杀灭剂产品不能满足第 19 章所列的条件，它应当向参考成员国发送详细的不同意见和原因。这份不同意见应当被立即提交给协调小组。

3. 在协调小组内部，第 2 段中提到的所有成员国应当努力达成一致意见，还应给予申请者知晓其观点的机会。如果在 60 天内,协调小组在关于第 2 段中提交的不同意见上达成了一致的最终处理意见,那么参考成员国应当在 R4BP 中记录。这样的话,整个程序应当被关闭,最终参考成员国和每一个相关成员国应当根据第 33 章(4)或第 34 章(6)的内容授权生物杀灭剂产品。

## 第 36 章　将未解决的争议提交委员会

1. 如果第 35 章(2)中提到的成员国未能在 60 天内达成一致,那么参考成员国应当立即通知委员会,并且提供未达成一致的成员国清单和具体原因。该文件也应当被提交给相关成员国、申请者和授权持有者(如果适用)。

2. 委员会可以就成员国提出的科学技术问题咨询 ECHA。如果委员会不问询 ECHA 意见时,其应当提供申请者或授权持有者在 30 天内提供评论的机会。

3. 委员会应当以执行法案的方式采纳决议,该执行法案应当根据第 82 章(3)的检查程序建立。

4. 第 3 段中的决议应当向所有成员国通报并告知申请者和授权持有者。相关成员国及参考成员国应当在该决议通报后 30 天内,赋予、拒绝或取消授权,或者根据决议变更原有授权的条款和条件。

## 第 37 章　多国互认的减损

1. 任何一个相关成员国都可以拒绝或赋予生物杀灭剂产品的授权,也可以调整授权的条款和条件,如果有以下理由作为依据:

(a)保护环境。

(b)公共政策或公共安全。

(c)人类健康和生命的保护,特别是弱势群体(人、动物和植物)。

(d)对于国家宝藏的保护,如艺术品、古董或有考古价值的文物。

(e)标靶生物未形成有害数量的。

任何一个相关成员国都可以根据第 1 段的内容拒绝给予授权或调整以第 5 章(2)或第 10 章(1)中的物质为活性物质的生物杀灭剂产品的授权条款或条件。

2. 相关成员国如果根据第 1 段采纳了一种决议,那么其应当向申请者提供一份详细的减损说明,并应努力在减损决议上与申请者达成一致。

如果相关成员国未能与申请者达成一致,或在 60 天内未能收到回复,那么其应通知委员会。如果这样,委员会:

(a)可以就申请者或相关成员国提出的科学技术问题征求 ECHA 的意见。

(b)应该根据第 82 章(3)中的检查程序采纳关于减损的决议。

委员会的决议应当向相关成员国通报并告知申请者。

相关成员国应当在收到通报后 30 天内采取适当措施以符合委员会决议。

3. 如果委员会没有采纳关于第 2 段的任何决议,相关成员国可以实施第 1 段中的减损措施。

当本章中的程序正在进行时,成员国已根据第 89 章(3)给予生物杀灭剂产品 2 年的授权应当被暂时停止。

4. 为了动物保护的目的,成员国可以拒绝给予产品类别为 15,17 和 20 的生物杀灭剂产品授权,且应当立即通知其他成员国和委员会关于其做出的这类决定。

## 第 38 章 ECHA 的意见

1. 如果 ECHA 就第 36 章(2)或第 37 章(2)接收到了委员会的咨询,其应当在收到咨询后 120 天内给予意见。

2. 在给予意见前,ECHA 应当提供给申请者、授权持有者一个不超过 30 天的提供书面评论的机会。

ECHA 可以为了给予申请者或授予持有者充分的时间准备评论而延迟第 1 段中的时间期限。

## 第 39 章 官方或科学机构进行的多国互认

1. 如果对于一个已经在某个成员国获得授权的生物杀灭剂产品,在其他国家内没有国家授权的申请提出. 那么关于害虫防治或公众健康保护的官方或科学机构可以根据第 33 章中多国互认的程序和授权持有者的许可为相同的产品的相同用途和相同使用条件提出国家授权的申请。

2. 如果相关成员国主管当局认为某种生物杀灭剂产品符合第 19 章的条件,且该章下的条件都基本满足,那么该主管当局应当授权该产品投放市场和使用。如果这样,做出申请的机构享有与授权持有者相同的权利和义务。

## 第 40 章 补充规则和技术指南

委员会应当有权利根据第 83 章列出的为多国互认授权进行更新的补充规则采取授权措施的行为。

委员会应当为促进本篇的实施,特别是第 37 章和第 39 章起草指南文件。

# 第8篇　生物杀灭剂产品的联盟授权

## 第1部分　给予联盟授权

### 第41章　联盟授权

除非特别说明,委员会就本部分提出的联盟授权应当在整个欧盟内部有效。它应当在每一个成员国内给予申请者或授权持有者与国家授权相同的权利和义务。对于那些第42章(1)中提到的生物杀灭剂产品类别,申请者可以申请联盟授权作为与申请国家授权和多国互认相同的另一种选择。

### 第42章　可以获得联盟授权的生物杀灭剂产品

1.申请者为除了含有第5章中活性物质的和产品类别为14,15,17,20和21的生物杀灭剂产品外的其他在整个欧盟有着相类似的使用条件的产品申请联盟授权。联盟授权会赋予:

(a)从2013年9月1日起,含有1种或多种新活性物质的生物杀灭剂产品且产品类别为1,3,4,5,18和19。

(b)从2017年1月1日起,产品类别为2,6和13的生物杀灭剂产品。

(c)从2020年1月1日起,其余所剩下的产品类别。

2.委员会应当从2013年9月1日后起草关于定义"在整个欧盟有着类似使用条件"的指南文件。

3.委员会应当在2017年12月31日向欧洲议会和理事会提交关于本章实施的报告。报告应当包括关于联盟授权排除产品类别14,15,17,20和21的评估。

报告还应包括根据一般立法程序的提议采纳书。

### 第43章　申请的提交和生效

1.意于根据第42章(1)申请联盟授权的申请者应当向ECHA提交申请,该申请应当包括生物杀灭剂产品在整个欧盟有着相同使用条件的证明书,并通报ECHA将要进行申请评估的成员国主管当局的名称,和该主管当局同意提供评估服务的确认书。该主管当局应当成为评估主管当局。

2. ECHA应当根据第80章(1)通知申请者应缴的费用,且有权在30天内未收到费用的情况下拒绝申请,并通知申请者和评估主管当局。

一旦收到第80章(1)中的费用,ECHA应当接受申请并通知申请者和主管当局,告之接受的日期。

3. 在ECHA接受申请30天内，评估主管当局应当在第20章要求的相关信息被提交的情况下使申请生效。

在第1小段提到的生效文件中，评估主管当局不应该对数据或证据的质量进行评估。

评估主管当局应当在ECHA接受一份申请后立即通知申请者第80章(2)下应缴的费用并在要求的相关30天内未收到相关费用的情况下拒绝申请，且告知申请者。

4. 当评估主管当局认为申请内容不完整时，它应当通知申请者应该补充的信息，且应当为补充信息的提交设立时间限制。该时间限制一般不超过90天。

评估主管当局应当在收到补充信息后30天内，在补充信息充分满足第3段的要求的情况下使申请生效。

评估主管当局在申请者没有在规定的期限内提交补充信息的情况下拒绝申请并告知申请者。如果这样的话，第80章(1)和第80章(2)中所缴的费用应当被退回。

5. 评估主管当局根据第3或4段使申请生效的行为应当立即通知申请者、ECHA和其他主管当局，并告之生效日期。

6. 本章可以被申诉。

## 第44章　申请的评估

1. 评估主管当局应当在申请生效后365天内根据第19章和第21章(2)要求提交的有关数据对其进行评估，并将评估报告和评估结论发送至ECHA。

在向ECHA提交其结论前，评估主管当局应当为申请者提供机会，在30天内提交关于结论书面评论。评估主管当局应当在最终化其评估时充分考虑这些评论。

2. 当评估的实施需要附加信息时，评估主管当局应当向申请者要求在一定的时间内提交附加信息，并通知ECHA。第1段中提到的365天的期限可以在提交附加信息的过程中暂停。一般暂停不得超过180天，除非有特殊情况或由附加信息的特殊性造成。

3. 在收到评估结论后80天内，ECHA应当准备并向委员会提交关于生物杀灭剂产品授权的意见。

如果ECHA建议给予生物杀灭剂产品授权，那么该意见应当最少包含下列元素：

(a)关于第19章(1)中条件是否满足的声明，第22章(2)中关于生物杀灭剂产品特性的摘要。

(b)生物杀灭剂产品使用和投放市场所需注意的任何条款和条件细节。

(c)生物杀灭剂产品的最终评估报告。

4. 在向委员会提交其意见后 30 天内,ECHA 应当将生物杀灭剂产品特性摘要翻译成所有欧盟国家官方语言版本。

5. 在收到 ECHA 意见后,委员会应当在给予授权和不给予授权中做出决定。该决定行为应当根据第 82 章(3)的检查程序来实施。

委员会在收到成员国以第 37 章(1)为依据的要求的情况下.应当根据该成员国地域特殊性对某种授权条件进行更改或特别指出授权不应当在该国适用。

## 第 2 部分　联盟授权的更新

### 第 45 章　申请的提交和接受

1. 意于申请联盟授权更新的申请者或授权持有者应当在原授权失效前最少 550 天内向 ECHA 提出申请。

申请应当根据第 80 章(1)的内容付费。

2. 当申请授权更新时,申请者应当提交:

(a)在不违背第 21 章(1)的情况下,第 20 章下所有相关数据,即先前授权或更新时的数据。

(b)关于生物杀灭剂产品先前评估是否依然有效的评估和其他任何支持信息。

3. 申请者应当提交负责更新申请评估的成员国主管当局的名称,并提供该主管当局同意受理的书面证明。该主管当局应当是评估主管当局。

ECHA 应当根据第 80 章(1)通知申请者应缴费用,并在 30 天内未收到申请者相关费用的情况下拒绝申请,并告知申请者和评估主管当局。

一旦收到申请者关于第 80 章(1)的费用,ECHA 应当接受申请并告知申请者和评估主管当局申请的接受日期。

4. 本章可以被申诉。

### 第 46 章　更新申请的评估

1. 基于对可得信息的评估和对联盟授权申请最初的评估结论的复查,评估主管当局应当在 ECHA 根据第 45 章(3)接受申请后 30 天内,根据当前的科学知识水平决定是否需要进行申请的完整评估。

2. 如果评估主管当局认为对申请进行全评估是必要的,那么评估应当根据第 44 章第1段和第2段的内容进行。

如果评估主管当局认为对申请进行全评估不是必要的，它应当在ECHA接受申请后180天内，准备并向ECHA提交一份关于授权更新的建议，并同时给予申请者一份该建议的拷贝。

评估主管当局应当在ECHA接受申请后尽快通知申请者第80章(2)下应缴的费用，并有权在30天未收到相关费用的情况下拒绝申请，并告知申请者。

3. 在收到评估主管当局的建议后180天内，ECHA应当准备并向委员会提交关于联盟授权更新的意见。

4. 在收到ECHA意见后，委员会应当给予拒绝联盟授权的更新。该行为应当根据第82章(3)中的检查程序进行。

5. 由于联盟授权者控制以外的原因，如果在联盟授权失效前，仍然没有关于授权更新的决议.委员会应当赋予该联盟授权一段适当的过渡期使评估完成。该行为应当根据第82章(2)实施。

## 第9篇 授权的取消、更新和修正

### 第47章 对未能预期或负面影响的通报责任

1. 在意识到已授权的生物杀灭剂产品的相关信息或活性物质可能对授权的有效性产生影响时，授权持有者应当通报赋予其国家授权的主管当局和ECHA，如果是联盟授权的情况应当通报委员会和ECHA。特别是以下信息，需要进行通报：

(a)关于生物杀灭剂产品或活性物质对人类特别是弱势群体、动物或环境负面影响的新数据或新信息。

(b) 任何显示活性物质潜在抗性的数据或信息。

(c) 显示生物杀灭剂产品不再充分有效的新数据或信息。

2. 赋予国家授权的主管当局或赋予联盟授权的ECHA应当根据第48章检查授权是否需要被更正或取消。

3. 赋予国家授权的主管当局或赋予联盟授权的ECHA应当立即通知其他成员国主管当局或委员会关于其收到的这类信息。

受理相同产品多国互认的成员国主管当局应根据第48章检查授权是否需要被更正或取消。

## 第48章　授权的取消或更正

1. 在不违背第23章的情况下，成员国主管当局和委员会应当在其认为下列情况发生时立即取消或修正授权内容：

(a)第19章或第25章中的条件不再满足。

(b)支持授权的信息是错误的或是有误导性的。

(c)授权持有者没有完成法规或授权中的责任。

2. 如果主管当局或委员会打算取消或修正一个授权，它们应当通知授权持有者且给予授权持有者以机会在一定的时间内提交评论意见或附加信息，评估主管当局或委员会应在最终化其决议前重视那些评论意见和附加信息的内容。

3. 如果主管当局或委员会根据第1段的内容取消或修正一个授权，那么它们应当立即通知授权持有者、其他成员国主管当局和委员会。

对于正在进行多国互认程序中的生物杀灭剂产品，如果其原有授权被取消或者修正，那么在收到通知后120天内，应当取消或修正多国互认的授权且通报委员会。

如果关于第35章或第36章的多国互认下的国家授权程序问题，成员国主管当局们没有达成一致意见，那么应当在细节上做出必要的修改。

## 第49章　应授权持有者的要求取消授权

应授权持有者的要求，成员国主管当局或委员会应当取消原授权。当该要求涉及联盟授权，那么它应当被提交给ECHA。

## 第50章　应授权持有者的要求修正授权

1. 对于授权条款和条件的修正必须通过当初赋予生物杀灭剂产品授权的主管当局或委员会进行。

2. 意于修改任何最初授权申请时提交的信息的授权持有者应当向最初授权生物杀灭剂产品的相关主管当局或ECHA申请。主管当局或ECHA应当检查并决定第19章或第25章中的条件是否仍然满足，授权的相关条款和条件是否需要被修改。

该申请应当根据第80章(1)和(2)进行缴费。

3. 对于现存授权的修改应当按照以下方式分类：

(a)行政变更。

(b)小变更。

(c)大变更。

### 第 51 章 细节规则

为了确保授权取消和修正程序和谐地进行，委员会应当列出第 47 章～第 50 章的实施细则。该行为应当根据第 82 章(3)中的检查程序进行。

第 1 段中提到的细则应当以本章为基础，并遵循下列原则：

(a)行政变更的通报程序应该被简化。

(b)小变更的评估周期应当被缩短。

(c)大变更的评估周期应当与变更的内容成比例。

### 第 52 章 宽限期

当主管当局或委员会取消修正一个授权或决定不更正它，那么应当给予该产品处置，库存的流通和使用等行为一个宽限期，当然如果该生物杀灭剂产品的继续使用会给人类健康和动物健康或环境带来不可接受的风险，则可以没有宽限期。

宽限期不得超过 180 天，且为库存产品附加的宽限期也不应超过 180 天。

## 第 10 篇 平行贸易

### 第 53 章 平行贸易

1. 成员国主管当局(介绍成员国)应当在申请者的要求下，给予在另一个成员国(起源成员国)已经获得授权的产品平行贸易的许可，以使得该产品可以在介绍成员国市场流通和使用，如果介绍成员国根据第 3 段认为该生物杀灭剂产品和目前已经在本国获得授权的产品相一致。

意于将生物杀灭剂产品在介绍成员国投放市场的申请者应当向介绍成员国主管当局提交申请。

该申请应当包括第 4 段的信息和所有其他可以说明该生物杀灭剂产品与第 3 段中的参照产品相一致的证据。

2. 如果介绍成员国主管当局认为一个生物杀灭剂产品与参照产品相一致，那么它应当在收到第 80 章(2)中的费用后 60 天内给予平行贸易的许可。介绍成员国主管当局可以要求起源成员国主管当局提供附加信息以决定该产品是否与参照产品相一致，起源成员国应当在收到要求 30 天内提供被要求的信息。

3. 如果下列条件都满足，那么可以认为一个生物杀灭剂产品与参照产品相一致：

(a)它们被同一公司或附属子公司制造，并根据同样的生产过程被贴标。

(b)规格，活性物质的含量和剂型都相同。

(c)非活性物质的含量相同。

(d)它们的包装尺寸、包装材料和形式相一致或等同,并且它们对人类的健康、动物健康或环境的潜在负面影响也基本相同。

4.平行贸易许可申请应当包括以下信息和项目:

(a)名称及起源成员国给予产品的授权号。

(b)起源成员国主管当局的名称和地址。

(c)起源成员国授权持有者的名称和地址。

(d)如果对于介绍成员国主管当局的检查有帮助的话,生物杀灭剂产品在起源成员国的原始商标和使用说明。

(e)申请者的名称和地址。

(f)在介绍成员国流通时的生物杀灭剂产品名。

(g)在介绍成员国流通时的生物杀灭剂产品标签,并使用介绍成员国的官方语言,除非该国有特殊要求。

(h)如果对于介绍成员国主管当局的检查有帮助的话,一份生物杀灭剂产品的样品。

(i)介绍成员国参照产品的名称和授权号。

介绍成员国主管当局可能会要求(d)中原始介绍的翻译版本。

5.平行贸易的许可中应当描述参照产品投放市场和使用的条件。

6.平行贸易的许可应当在整个参照产品的授权期限内都是有效的。

如果参照产品的授权持有者根据第49章申请了授权的取消,但是该产品关于第19章的要求仍然符合,那么该平行贸易的许可可以延续到参照产品授权正常失效的那一天。

7.在不违背本章的情况下,第47～50章和第15篇应当针对获得平行贸易许可的生物杀灭剂产品在细节上做出修改。

8.如果生物杀灭剂产品在原始成员国因为安全和效力的缘故被取消授权,那么介绍成员国主管当局可以撤回平行贸易的许可。

## 第11篇　技术等同

### 第54章　技术等同的评估

1.当需要建立活性物质的技术性等同时,申请者应当向ECHA提交申请并根据第

80 章(1)缴费。

2. 申请者应当提交 ECHA 进行技术性等同评估的所有数据。

3. ECHA 应当通知申请者第 80 章(1)中应缴的费用,并且有权在 30 天内未收到相关费用的情况下拒绝申请,并通知申请者和评估主管当局。

4. 在给予申请者提交评论意见的机会后,ECHA 应当在收到申请者第 1 段中的申请后 90 天内做出决定,并通知成员国和申请者。

5. 当 ECHA 认为进行技术等同的评估需要更多的信息时,ECHA 可以要求申请者在一定的时间内补充所需信息。ECHA 有权在申请者未能在规定的时间内补充信息的情况下拒绝申请。第 4 段提到的 90 天的期限可以根据要求暂停,但暂停的时间不应超过 180 天,除非是因为数据的天然属性和特殊环境因素造成的延迟。

6. 适当的时候,ECHA 可以咨询对活性物质进行评估的评估主管当局。

7. 本节可被申诉。

8. ECHA 应该起草促进本章实施的技术指南。

## 第 12 篇　减损

### 第 55 章　法规要求的减损

1. 通过对第 17 章和第 19 章的减损,主管当局可以赋予不符合本法规授权条件下的生物杀灭剂产品一个不超过 180 天的投放市场或使用的临时授权和在主管当局监管下的限制应用,但理由必须是对于公共健康、动物健康和环境的保护,而且没有其他措施可以完成。

第 1 小段中提到的主管当局应当立即通知其他主管当局和委员会关于上述临时授予的赋予及撤销的行为。

在接到主管当局合理的请求后,委员会应当立即通过采取实施措施来解决在何种情况下,主管当局关于临时授权的期限可以被延长,但不超过 550 天。实施措施应当根据第 82 章(3)中的检查程序来进行。

2. 通过对第 19 章(1)(a)的减损,直到活性物质被批准,主管当局可以为含有活性物质的生物杀灭剂产品提供一个不超过 3 年的临时授权。

该临时授权只有在卷宗已经根据第 8 章被评估,评估主管当局或 ECHA 已经提交了新活性物质批准意见,且主管当局认为生物杀灭剂产品根据第 19 章(2)是符合第 19 章(1)(b),(c),(d)点要求的情况下,才可以被给予。

如果委员会决定不予批准新活性物质，赋予临时授权的主管当局或委员会应当取消原授权。

当3年的临时授权有效期已过，新活性物质的审批还未出结果，赋予临时授权的主管当局或委员会应当为临时授权的期限再延长不超过1年，前提是有充分的理由相信该活性物质满足第4章(1)中的条款或第5章(2)中的条款，且主管当局应当向其他主管当局或委员会通报这一行为。

3.通过对第19章(1)(a)的减损，委员会可以通过采取实施措施允许成员国授权含有未批准活性物质的生物杀灭剂产品，如果该活性物质是为了包括文化遗产所必须的且没有其他物质替代。意于进行本节减损的成员国需要向委员会申请，并提交相关资料。

## 第56章　研究和发展

1.通过对第17章的减损，以科学研究为目的的，包含为授权生物杀灭剂产品或未批准活性物质的试验或实验，只有在本章列出的条件下才可以进行。

开展试验或实验的人员应当起草并维持记录生物杀灭剂产品或活性物质的身份信息、标签数据、供应数量和接受生物杀灭剂产品或活性物质人员的名称、地址，还应当编制一份包含所有关于对人类动物健康或环境影响的可得数据。并在主管当局的要求下，随时提交公开这些数据。

2.任何开展可能包含或导致生物杀灭剂产品在环境中释放的试验或实验的人员，应当通报试验或实验所在地的主管当局。该通报应当包含生物杀灭剂产品或活性物质的身份信息、数据标签、供应数量和人类或动物健康及环境可能受到生物杀灭剂产品影响的所有可得数据。相关人员应当使这些数据在主管当局的要求下随时可见。在第1小段的通报后45天内，如果没有收到主管当局相关意见的情况下，实验或试验方可开展。

3.如果试验或实验可能对人类健康、弱势群体或动物、环境会产生任何有害影响，无论是即时的还是延迟的，相关的主管当局可以禁止或只允许它们在不造成风险的条件下使用，且应当立即向委员会通报该决定。

4.委员会可以根据第83章采取授权行为对本章的条款细节进行解释。

## 第57章　法规(EC)No 1907/2006下的注册豁免

作为对法规(EC)No 1907/2006第15章(2)关于活性物质的解释，活性物质被用于制造或已经根据本法规第 27 章、第 55 章或第 56 章中获得授权的生物杀灭剂产品中使用的，应当被认为已经完成了注册，并且该注册可授权活性物质在生物杀灭剂产品中的使用，所有可以认为已经符合了法规(EC)No 1907/2006 第 2 段中第 1 篇和第 5 篇的要求。

## 第 13 篇　处理物品

### 第 58 章　处理物品投放市场

1. 本章应只施用于处理物品而非生物杀灭剂产品。本章不施用于那些作为处理物品的，经过灭菌或消毒处理的，且事后没有药品残留的存储运输空间或器皿。

2. 处理物品只有在处理其的生物杀灭剂产品中包含的所有活性物质都已经根据第 9 章(2)获得了该种生物杀灭剂产品类别的批准，或进入附件Ⅰ中，且限制条件都满足的情况下，才能投放市场。

3. 对处理物品投放市场负责的人员应当确保在下列情况下，商标中需要提供出第 2 小段的内容：

如果处理物品包含生物杀灭剂产品，且处理物品的制造商就产品的生物杀灭剂特性做出了声明。

与关注活性物质有关，有直接接触或向环境排放的可能性，或活性物质的批准条件中有要求。

第 1 小段中的标签应当包含以下信息：

(a)处理物品含有生物杀灭剂产品的申明。

(b)生物杀灭剂属性来自于处理物品。

(c)不违背法规(EC) 1272/2008 第 24 章的情况下，生物杀灭剂产品中所有活性物质的名称。

(d)生物杀灭剂产品中所有纳米材料的名称，并在其后用括号标注“nano”。

(e)任何与处理物品及生物杀灭剂产品相关使用说明，包括需采取的预防措施。

本段在有其他法规对处理物品中生物杀灭剂产品标签有特殊要求的情况下不再适用。

4. 既然关于标签的要求已经在第 3 段中列出，负责处理物品投放市场的人员应当在标签中列出相关的使用说明，包括可能需要采取的任何预防措施，如果其认为是保护人类动物及环境所必须的。

5.既然关于标签的要求已经在第 3 段中列出，处理物品的供应商应当在客户的要求下，在 45 天内免费提供关于处理物品的生物杀灭剂处理的信息。

6.标签必须清晰可见、易于辨认并有适当的耐用性。当由于处理物品尺寸或功能的缘故，标签需要以官方语言的形式被印刷在包装上的使用说明书或使用包装上，除非成员国有其他具体要求。如果处理物品不被作为一个系列生产，而是定制的，那么生产商应当同意以其他的方式为消费者提供相关信息。

7.成员国可以为了本章第 2 段采取实施行为，包括制定适当的报告程序。在本章第 3 节、第 4 节和第 6 节中特别细化标签要求。这些实施行为应当根据第 82 章(3)中的检查程序来进行。

8.当有显著证据证明处理物品的生物杀灭剂产品所包含的活性物质不满足本法规第 4 章(1)、第 5 章(2)或第 25 章时，委员会应当对活性物质根据第 15 章(1)或第 28 章(2)进行重审。

## 第 14 篇 数据的保护和共享

### 第 59 章 主管当局或 ECHA 持有数据的保护期

1.在不违背第 62 章和第 63 章的情况下，目的于指令 98/8/ EC 或本法规的数据不可以被主管当局或 ECHA 用于后续申请者的申请，除非：

(a)后续申请者提交了授权信。

(b)相关的数据保护期过期。

2.当申请者向主管当局或 ECHA 以本法规的目的提交数据时，应当表明数据持有者的名称和联系方式。申请者还应当说明其自身是数据持有者还是持有授权信。

3.申请者应当在数据所有权变更的时候立即通知主管当局或 ECHA。

4.2004 年 3 月 3 日成立的以消费者安全、公共健康和环境为目的的科学委员会下的意见科学委员会应当有权使用本章第 1 段中的数据。

### 第 60 章 数据保护期

1.指令 98/8/EC 或本法规的数据应当在本章的条件下享有数据保护期。数据保护期应当从它们被首次提交的时间算起。

本章保护下的数据或保护期到期的数据不可被再次保护。

2.用于现存活性物质相关产品类别批准的数据的保护期应当从该活性物质审批决议出现开始 10 年后结束。

用于新活性物质相关产品类别批准的数据的保护期应当从该活性物质审批决议出现开始15年后结束。

用于活性物质批准续期申请提交的新的数据应当从该活性物质续期审批决议出现开始5年后结束。

3.用于包含现存活性物质的生物杀灭剂产品授权的数据的保护期应当从该生物杀灭剂产品授权申请决议出现开始10年后结束。

用于包含新活性物质的生物杀灭剂产品授权的数据的保护期应当从该生物杀灭剂产品授权申请决议出现开始15年后结束。

用于生物杀灭剂产品授权续期或修正申请提交的新的数据应当从该生物杀灭剂产品续期或修正审批决议出现开始5年后结束。

## 第61章　授信

1.授信应当至少包含以下信息：

(a)数据持有者和受益人的名称及联系方式。

(b)授权使用数据的相关活性物质或生物杀灭剂产品的名称。

(c)授信生效的日期。

(d)授信授权引用的数据清单。

2.如果授信被撤回，将不会影响已经使用该份授信获得的产品授权。

## 第62章　数据共享

1.为了避免动物实验，以本法规为目的的脊椎动物实验应当作为最后的手段来进行，且关于脊椎动物的实验在本法规下不应当重复进行。

2.任何潜在申请者，意于进行动物实验或研究的：

(a)在数据包含脊椎动物实验的情况下应当，

(b)在数据不包含脊椎动物实验的情况下可以，

向ECHA提交书面请求以决定这种实验或研究是否已经在先前的申请中被提交给ECHA或为了指令98/8/EC的目的已经提交给了成员国主管当局。ECHA应当给予这类实验或研究是否已经被提交的结果。

当这类实验或研究已经在先前的申请中被提交给了ECHA或成员国主管当局，不论是本法规或是指令98/8/EC的目的，ECHA应当立即向潜在申请者通告数据提交者和数据持有者的名称和联系方式。

数据提交者应当促进潜在申请者和数据持有者意见的沟通。

如果数据还在第60章所说的保护期内，潜在申请者应当：

(a)在数据包含脊椎动物实验的情况下应当，

(b)在数据不包含脊椎动物实验的情况下可以，

向数据持有者要求引用所有的与本法规下申请提交有关的实验和研究的科学与技术数据信息的权力。

## 第63章　数据共享的补偿

1. 第62章(2)中的请求被发出后，潜在申请者和数据持有者应当努力在实验和研究结果的共享上达成共识。该共识可以被仲裁机构的仲裁接受承诺替代。

2. 当未达成共识时，数据持有者应当使所有实验和研究的科学和技术数据可以被潜在申请者利用或给予潜在申请者在本法规下的申请中引用该数据的允许。

3. 当未达成共识时，潜在申请者应当，不早于接受ECHA给予的数据提交者的名称和地址后1个月，通知ECHA和数据持有者。

在收到通知后60天内，如果潜在申请者证明其已经为共识的达成做出了所有的努力且已经支付数据持有者一定的共享补偿，ECHA应当给予潜在申请者引用脊椎动物试验和研究的许可。当潜在申请者和数据持有者没有达成共识，那么国家法院应当决定潜在申请者需要支付给数据持有者合适的共享补偿费用。

4. 根据ECHA公布的指南，数据共享补偿费用应当以公平、透明和无歧视地进行。潜在申请者应当只被要求补偿跟本法规相关部分数据的分享费用。

5. 根据第77章，本章可被申诉。

## 第64章　后续申请者数据的使用

1. 当活性物质关于第60章的数据保护期过期时，受理主管当局或ECHA可以同意后续授权申请者引用该物质第一个申请者提交的数据，只要后续申请者可以提供其活性物质与该物质技术等同的证据，包括纯度和其他任何相关杂质的性质。

当生物杀灭剂产品关于第60章的数据保护期过期时，受理主管当局或ECHA可以同意后续授权申请者引用该产品第一个申请者提交的数据，只要后续申请者可以提供其产品与经获得授权的产品是一致的，或它们在风险水平上没有显著差别和生物杀灭剂产品中的活性物质是技术等同的，包括纯度和其他任何相关杂质的性质。

根据第77章，本章可以被申诉。

2.后续申请者应当在适当的情况下，提供给受理主管当局或 ECHA 以下信息：

(a)生物杀灭剂产品包括其组分的所有所需的身份数据。

(b)确认活性物质身份所需的数据及建立活性物质技术等同所需的数据。

(c)说明相比较已授权的生物杀灭剂产品与后续申请者的生物杀灭剂产品效力及风险可比性的数据。

# 第 15 篇　信息和沟通

## 第 1 部分

### 第65 章　符合要求

1.成员国应该针对已经投放市场的生物杀灭剂产品及处理物品的监测做出必要的安排，来确定它们是否符合法规的要求。法规(EC)765/2008 于 2008 年 7 月 9 日提出了关于将产品投放市场的信赖要求，应当进行实施。

2.为了加强法规的执行，成员国应该以官方控制的方式，做好必要的安排。

为了促进法规的实施，已经投放生物杀灭剂产品到欧盟市场上的制造商应该继续保留产品相关的制造过程，为即将投放市场和储存的批次生产的样品的生物杀灭剂产品的质量和安全性能提供合适的书面或者电子版文件。这些至少应该包括以下内容：

(a)安全数据表和活性物质的规格以及其他用于制作生物杀灭剂产品的成分。

(b)记录执行过程中的变化。

(c)内部质量控制的结果。

(d)生产批次。

如果有需要确保本段实施的统一性，委员会可以根据第 82 章(3)的检查程序采取实施措施。

根据本段采取的措施应该避免造成对经济相关者和成员国不成比例的行政负担。

3.从 2015 年 9 月 1 日起，每隔 5 年，成员国应当向委员会提交一份关于本法规在其领土内实施的报告。该报告应该包括：

(a)根据第 2 段中实施的官方控制的结果信息。

(b)与生物杀灭剂产品有关的中毒与职业病的信息，特别是针对弱势群体的，和任何可以缓和该类风险的特殊措施。

(c)关于使用生物杀灭剂产品而带来的任何可得的负面环境影响。

(d)纳米材料在生物杀灭剂产品中的使用情况以及潜在风险。

报告应当在相关年份的6月30日提交，且内容应当覆盖之前的一年及直到上一年的12月31日。

报告应当在委员会的相关网站上发布。

4. 根据第3段中收到的报告，从该段第2小段中提到的时间开始12个月内，委员会应当起草一份综合的关于本法规实施情况的报告，特别是第58章。委员会应当将该份报告提交给欧洲议会和理事会。

## 第66章　保密性

1. 法规(EC) No 1049/2001是关于欧洲议会、理事会和委员会文件信息以及ECHA管理委员会规则的公共存取的法规，其已经根据法规(EC)1907/2006第118章(3)被采纳，且应当施用于本法规下ECHA持有的文件信息。

2. ECHA和主管当局可以以破坏对商业利益、隐私或个人安全的保护为理由拒绝披露相关信息。

下列信息的披露可以被认为是对商业利益、隐私或个人安全保护的破坏：

(a)生物杀灭剂产品的全组分的细节信息。

(b)生产制造的或流通于市场的活性物质或生物杀灭剂产品的精确吨位。

(c)活性物质制造商或将生物杀灭剂产品投放市场的责任人之间的关系，及将生物杀灭剂产品投放市场的责任人与产品分销商之间的关系。

(d)脊椎动物实验的参与者名称及地址。

然而，紧急情况发生时，且危及人类健康、动物健康以及环境安全或其他可能的公共财产，ECHA或主管当局应该披露本段中的相关信息。

3. 如果授权已经被给予，那么对下列信息的获取，将不会被拒绝：

(a)授权持有者的名称及地址。

(b)生物杀灭剂产品制造商的名称及地址。

(c)活性物质制造商的名称及地址。

(d)活性物质的成分或生物杀灭剂产品中的物质成分，以及生物杀灭剂产品的名称。

(e)生物杀灭剂产品相关的物理及化学数据。

(f)任何可以消减活性物质或生物杀灭剂产品危害的方法。

(g)关于第20章要求进行产品效力和其对人类动物和环境影响的实验结果的

摘要。

(h)为预防处理运输及使用时产生火灾或其他危害，建议的处理方法和预防措施。

(i)安全数据表。

(j)第19章(1)(c)中的分析方法。

(k)产品及包装的废弃方法。

(l)溢出或泄漏时的处理措施和方法。

(m)急救措施和人类受伤时的施药方法。

4.任何为了本法规的目的向ECHA或主管当局提交活性物质或生物杀灭剂产品的相关信息的人员都可以要求第67章(3)中的信息不公开，包括一份为什么信息的暴露会导致对其商业利益或其他利益的损害证明。

## 第67章　信息数据的电子公共存取

1.从活性物质被批准那一天开始，下列被ECHA或委员会持有的关于活性物质的信息就应当免费公开：

(a)ISO名称和IUPAC名称。

(b)EIECCS名称。

(c)分类及标签，包括该活性物质是否满足第5章(1)中的任何标准。

(d)物理化学的端点及环境命运和行为的数据。

(e)每一个毒理学或生态毒理学的研究。

(f)根据附件Ⅵ建立的可接受的暴露水平或可预期的非作用浓度。

(g)根据附件Ⅱ和附件Ⅲ提供的安全使用指南。

(h)附件Ⅱ第一部分5.2及5.3和第二部分4.2中的分析方法。

2.从生物杀灭剂产品被授权那一天开始，下列被ECHA持有的关于生物杀灭剂产品的信息就应当免费公开：

(a)授权条款及条件。

(b)生物杀灭剂产品特性的摘要。

(c)附件Ⅲ第一部分5.2及5.3和第二部分5.2中的分析方法。

3.从活性物质被批准的那一天开始，ECHA应当使下列信息免费公开，除非数据提交者根据第66章(4)向ECHA或主管当局提交了证实信息公开将会危及其商业利益和其他相关利益的证据：

(a)物质的纯度及有害杂质或者活性物质添加剂的成分。

(b)用于支持活性物质审批的研究摘要。

(c)除了第1段中的信息外,包含于安全数据表中的其他信息。

(d)物质的贸易名。

(e)评估报告。

4.从生物杀灭剂产品被授权的那一天开始,ECHA应当使下列信息免费公开,除非数据提交者根据第66章(4)向ECHA或主管当局提交了证实信息公开将会危及其商业利益和其他相关利益的证据:

(a)支持生物杀灭剂产品授权的研究摘要。

(b)评估报告。

## 第68章　记录的保持与通报

1.授权持有者应当保留生物杀灭剂产品投放市场的记录,该记录应当保留到该产品投放市场10年,或该生物杀灭剂产品授权失效后10年,以较早的为准。他们在成员国主管当局的要求下应当公开记录中的相关信息。

2.为了确保本章第1段实施的统一性,委员会应当采取实施行为去规定记录中的信息内容和格式。这些实施行为应当根据第82章(2)中的建议程序建立并实施。

# 第2部分　生物杀灭剂产品的信息

## 第69章　生物杀灭剂产品的分类、包装和标签

1.授权持有者应当确保生物杀灭剂产品根据被批准的生物杀灭剂产品特性摘要,特别是有害声明及预防声明进行正确的分类、包装和标签。

另外,那些容易被误认为是食品,包括饮料、饲料的产品应当在包装方面最小化产生这类误解的可能。如果它们可以被公众得到,它们应当包含劝阻消费的提示,特别是不能吸引儿童。

2.作为对第1段的补充,授权持有者应当保证标签在关于产品可能会对人类健康、动物健康和环境或其效力方面没有误导性的标识,且任何情况下不能显示"低风险生物杀灭剂产品""非毒性""无害""天然""环境友好""动物友好"或者其他类似的标识。另外,标签必须清晰地显示以下信息:

(a)每一活性物质的身份信息及其公制浓度。

(b)产品中含有纳米材料的,且有特殊风险的,应在每一个使用纳米材料的地方,标

注带括号的“nano”。

(c)由主管当局或委员会配给的生物杀灭剂产品的授权号。

(d)授权持有者的姓名和地址。

(e)制剂的类型。

(f)被授权的生物杀灭剂产品的用途。

(g)每项授权用途下的使用说明、使用频率和剂量率,用公制单位表示,用使用者可以识别且容易理解的语言描述。

(h)可能发生的直接或间接的不良副作用的任何细节及急救说明。

(i)如果附有说明书的,应标明“使用前请阅读附属说明书”及对于弱势群体的警告(适用时)。

(j)生物杀灭剂产品及其包装的安全处理说明,包括包装再使用的禁止说明。

(k)剂型的批号或名称和正常储存条件下的有效期。

(l)在适用的情况下,生物杀灭剂产品的效力时间等。

(m)在适用的情况下,受限的生物杀灭剂产品的用户类别。

(n)在适用的情况下,关于对环境详细的危害信息,特别是关于保护非靶标生物和避免水污染的信息。

(o)对于含有微生物的生物杀灭剂产品,标签的要求根据 2000/54/EC 指令执行。

3. 成员国可能会要求个别特殊的标签内容:

(a)包装、标签和说明书的模型或草案。

(b)在其领土内投放市场的生物杀灭剂产品用其官方语言制作标签。

## 第70章 安全数据表

生物杀灭剂产品和活性物质的安全数据表应当根据法规(EC)No 1909/2006 第 31 章的内容进行准备。

## 第71章 生物杀灭剂产品的注册工具(R4BP)

1. ECHA 应当建立并维护一个信息系统,该系统应当被称作生物杀灭剂产品的注册工具,即 R4BP。

2. R4BP 应当被用于主管当局、ECHA 和委员会与申请者,主管当局、ECHA 和委员会之间的信息交流。

3. 申请者应当使用 R4BP 进行本法规程序下所有的申请和数据的提交。

4. 根据申请者提交的申请和数据，ECHA 应当检查这些信息是否以正确的格式被提交且立即通知相关的主管当局。

当 ECHA 认为申请者没有使用正确的格式，其可以拒绝申请并通知申请者。

5. 一旦相关主管当局接受并使申请生效，其应当通过 R4BP 将该结果发送至其他所有主管当局和 ECHA。

6. 主管当局和委员会应当使用 R4BP 来进行其关于生物杀灭剂产品授权决议的记录和交流，并应当在这些决议产生时，及时更新记录内容。主管当局应当及时更新在其领土内的生物杀灭剂产品的国家授权的给予或拒绝情况，包括修正、更新与取消。委员会应当及时更新联盟授权的给予或拒绝情况，包括修正、更新与取消。

纳入 R4BP 的信息应当包括以下内容：

(a)授权的条款和条件。

(b)生物杀灭剂产品特性的摘要。

(c)生物杀灭剂产品的评估报告。

本段中的信息应当同样对于申请者来说是可以通过 R4BP 获得的。

7. 即使在 2013 年 9 月 1 日，R4BP 还不能全面地被操作，或在该日期后暂停使用，那么关于提交和成员国、主管当局、委员会和申请者之间的交流应当继续进行。为了确保本段实施的统一性，特别是针对什么样的信息内容和格式可以被提交和交换，委员会应当根据第 82 章(3)的检查程序采取实施行为。这些实施行为将被限于 R4BP 的维护期间。

8. 委员会可以采取实施行为列出 R4BP 中提交信息类别的细则。这些实施行为应当根据第 82 章(2)中的建议程序被采纳。

9. 委员会应当根据第 83 章被赋予权力采取授权行为列出关于使用 R4BP 的补充规则。

## 第 72 章　广告

1. 任何生物杀灭剂产品的广告应当作为对法规(EC) No 1272/2008 的补充，包括句子“请安全使用生物杀灭剂产品，在使用前请读取标签中关于产品的信息”。该句子应当是清晰可识别的。

2. 广告商可以以清晰的其他词汇代替句子中的“生物杀灭剂产品”。

3. 生物杀灭剂产品的广告不可以在产品对于人类健康、动物健康或环境及效力方面对消费者进行误导。任何情况下，生物杀灭剂产品的广告不得包含“低风险生物杀灭剂产品”“非毒性”“无害”“天然”“环境友好”“动物友好”或者其他类似的标识。

### 第73章 毒品控制

为了本法规的目的，法规(EC)No 1272/2008 的第45章可以实施。

## 第16篇 ECHA

### 第74章 ECHA的角色

1. ECHA应当完成法规赋予其的任务。

2. 考虑到本法规赋予ECHA的角色。法规(EC) No1907/2006 第78－84章，第89章和第90章可以实施必要的变更。

### 第75章 生物杀灭剂产品委员会

1. ECHA内部应当建立生物杀灭剂产品委员会。

生物杀灭剂产品委员会应当对为ECHA准备下列事宜的观点负责：

(a)活性物质的批准与更新申请。

(b)活性物质批准的重审。

(c)关于满足第28章要求的活性物质进入附件Ⅰ的申请与重审。

(d)候选替换活性物质的身份确认。

(e)生物杀灭剂产品联盟授权的申请、更新、取消和修正，除了行政变更。

(f)第38章中关于多国互认的科学和技术事宜。

(g)在委员会或成员国主管当局的要求下，关于技术指南或对人类健康、动物健康以及环境风险的任何问题。

2. 每一个成员国都应当被赋予委任一名生物杀灭剂产品委员会成员的权力。成员国也可以委任一名替补成员。

为了促进其工作，委员会可以在ECHA管理委员会的决议下，被分成2个或多个平行的委员会。每一个平行的委员会应当负责生物杀灭剂产品委员会赋予其的工作任务。每一个成员国应当被赋予委任一名平行生物杀灭剂产品委员会成员的权力。该成员可以被委任进入多个平行委员会。

3. 委员会成员应当根据其实施工作的相关经验，特别是第1段中的，且可以在主管当局工作。他们应当被成员国的科学与技术资源所支持。成员国应当向委员会提供它们所能提供的足够的科学与技术资源。

4. 法规(EC) No 1907/2006 中第 85 章第 4，5，8，9 段和第 87 章与第 88 章可以对生物杀灭剂产品委员会进行细节上的必要修正。

## 第 76 章　ECHA 秘书处

1. 法规(No) 1907/2006 第 76 章(1)(g)中提到 ECHA 秘书处应当负责以下事务：

(a)建立并维护 R4BP。

(b)完成关于本法规覆盖的申请接受的事务。

(c)建立技术等同。

(d)通过委员会和成员国主管当局提供本法规内申请的技术与科学指南和工具，为国家服务平台提供技术支持。

(e)向申请者提供关于活性物质审批或进入附件Ⅰ或联盟授权的建议和帮助，特别是对于 SMEs。

(f)准备本法规的解释信息。

(g)建立和维护关于活性物质和生物杀灭剂产品信息的数据库。

(h)在委员会要求下，提供技术和科学支持以促进联盟主管当局、国际组织和第三国关于生物杀灭剂产品科学及技术事宜的合作。

(i)通报 ECHA 的决议。

(j)给出 ECHA 要求信息提交的格式和软件包的说明。

(k)为了避免关于第 29 章(4)中相同或相似产品申请的平行评估，向成员国提供支持和帮助。

2. 秘书处应当使第 67 章中的信息在网络上免费公开可得，除非第 66 章(4)中的请求被证实。ECHA 应当根据第 66 章使其他信息公开可得。

## 第 77 章　申诉

1. 就 ECHA 关于第 7 章(2)，第 13 章(3)，第 26 章(2)，第 43 章(2)，第 45 章(3)，第 54 章(3)，(4)，(5)，第 63 章(3)和第 64 章(1)的决议的申诉应当是法规(EC) No 1907/2006 中申诉委员会的责任。

法规(EC) No 1907/2006 第 92 章(1)(2)和第 93 章及第 94 章应当适用与本法规下产生的申诉程序。

提出申诉请求的个人应当根据本法规第 80 章(1)缴纳一定的费用。

2. 第 1 段中的申诉应当有暂停作用。

### 第 78 章 ECHA 的预算

1. 为了本法规的目的，ECHA 的收入应该由以下构成：

(a)欧盟的补贴，进入欧盟一般预算(委员会部分)。

(b)本法规下缴纳给 ECHA 的费用。

(c)本法规下任何 ECHA 提供的服务所收取的费用。

(d)任何成员国的捐助。

2. 关于本法规和法规(EC) No 1907/2006 活动的收支应当在 ECHA 的预算中分开处理并分开预算和审计。

ECHA 在法规(EC) 1907/2006 第 96 章(1)的收入不应当被用于本法规下任务的实施。本章中第 1 段关于 ECHA 的收入不应当被用于法规(EC)1907/2006 下任务的实施。

### 第 79 章 提交给 ECHA 信息的格式与软件

ECHA 应当特别指出用于提交信息的格式和软件包，并使它们在网站上免费可得。主管当局和申请者应当在本法规下的提交中使用这些格式和软件包。

第 6 章(1)和第 20 章中提到的技术卷宗应当施用 IUCLID 软件包。

## 第 17 篇 最终条款

### 第80章 费用及收费

1. 委员会应当根据第 3 段列出的原则采纳一部法规，该法规应当指出：

(a)支付给 ECHA 的费用，包括根据第 8 篇联盟授权的产品年费和根据第 7 篇多国互认的申请费用。

(b)减免费用条件和规则的定义，欧盟委员会退还费用的规则。

(c)支付条件。

该实施法规应当根据第 82 章(3)中的检查程序被采纳。其应当只施用于 ECHA 的收费。

ECHA 可以为其提供的其他服务另收费用。

支付给 ECHA 的费用应在与 ECHA 其他法规收费综合以后确保满足 ECHA 的正常服务开销。费用应当被 ECHA 公开。

2. 成员国应当向其提供关于本法规程序相关服务的申请者直接收取费用，包括成员国主管当局扮演评估主管当局角色的服务。

根据第3段列出的原则,委员会可以建立关于费用结构的指南。

成员国可以征收投放其市场的生物杀灭剂产品的年费。

成员国可以为其提供的其他服务收取费用。

成员国应当建立和公布其主管当局的费用支出和收取情况。

3.第1段中提到的实施法规和各成员国自己的关于收费的规则应当遵循以下原则:

(a)费用取消确保满足开展服务的花销且不应超过其花销所需。

(b)如果申请者没能在规定时间内提交信息,则应当给予部分费用返还。

(c)SMEs的特殊需求应当被充分考虑,包括分期付款和分阶段付款的可能性。

(d)费用的结构应当考虑信息的提交方式,包括联合提交和独立提交。

(e)在适时合理的情况下,当被ECHA或主管当局接受的情况下,全部费用或者部分费用可以减免。

(f)付费的截止时间应当根据本法规中程序的截止时间确定。

## 第81章 主管当局

1.各成员国应当为了本法规的实施委任一个主管当局。

成员国需要确保主管当局拥有充分数量、资格和经验的员工以确保本法规下的责任可以被准确有效的实施。

2.主管当局应当为申请者特别是SMEs和其他相关组织提供关于本法规相关责任的指导意见。该指导意见应当包括关于第6章和第20章对数据要求修改可能性的意见和如何准备提议等。其应当作为ECHA秘书处的建议和帮助的补充。

3.成员国应当在2013年9月1日向委员会通报委任的主管当局的名称和地址。如果主管当局或问询台的名称和地址信息有任何改变,成员国应当立即通知委员会。委员会应当公开包含各主管当局和问讯处的清单。

## 第82章 委员会程序

1.委员会应当被生物杀灭剂产品常委会支援。该常委会应当是法规(EU) No 182/2011意义下的委员会。

2.如果参考涉及本段,法规(EU) No 182/2011第4章应当适用。

3.如果参考涉及本段,法规(EU) No 182/2011第5章应当适用。

如果该委员会没有意见,那么委员会不应当采纳草案实施行为,且法规(EU)No

182/2011第5章(4)第3小段应当适用。

4. 如果参考涉及本段，法规(EU) No 182/2011第8章应当适用。

## 第83章 授权的实施

1. 委员会采纳的授权实施行为应当根据本章列出的条件进行采纳。

2. 第3章(4)，第5章(3)，第6章(4)，第21章(3)，第23章(5)，第28章(1)(3)，第40章，第56章(4)，第71章(9)，第85章和第89章(1)中提到的采纳授权行为应当赋予委员会一个从2012年7月17日开始5年的期限。委员会应当起草一份关于授权权力的报告且不晚于该5年期限前9个月的时间。该授权权力应当被默认可以延续一个统一的周期，除非欧洲议会和理事会在不晚于该期限前3个月内提出反对意见。

3. 第3章(4)，第5章(3)，第6章(4)，第2章(3)，第23章(5)，第28章(1)(3)，第40章，第56章(4)，第71章(9)，第85章和第89章(1)中提到的采纳授权行为可以在任何时间被欧洲议会和理事会取消。该取消决议应当终止授权行为的实施。其应当在欧盟官方公报上发布，于次日生效，但不影响任何已经实施中的授权行为的有效性。

4. 一旦采纳了授权行为，委员会应当立即通知欧洲议会和理事会。

5. 第3章(4)，第5章(3)，第6章(4)，第21章(3)，第23章(5)，第28章(1)(3)，第40章，第56章(4)，第71章(9)，第85章和第89章(1)中提到的采纳授权行为应当仅在欧洲议会和理事会收到通报后2个月内没有反对意见，或在该期限失效前，欧洲议会、理事会和委员会都没有反对意见的情况下才可以被实施。该期限可以在欧洲议会和理事会主动要求的情况下被延迟2个月。

## 第84章 紧急程序

1. 本章采纳的授权行为应当立即生效且应当在根据第2段没有反对意见表达的情况下实施。向欧洲议会和理事会关于授权行为的通报应当阐述使用紧急程序的原因。

2. 无论是欧洲议会或是理事会都可以根据第83章(5)反对授权行为。如果这样，委员会应当立即根据欧洲议会或理事会的通报决议取消该授权行为。

## 第85章 科学技术进步带来的变更

为了允许本法规的各条款适应科学技术的进步，委员会有权依照第83章根据科学技术的进步采纳授权实施行为修正附件Ⅰ，Ⅱ，Ⅲ。

## 第86章 指令98/8/EC附件I中的活性物质

指令98/8/EC附件I中的活性物质应当被认为在本法规下已经获得了批准且应该

进入第 9 章(2)提到的清单中。

### 第 87 章　惩罚措施

各成员国应当列出违背本法规要求时的惩罚措施并应当采纳一切可能的措施确保它们的实施。惩罚措施必须有效.适当并且有劝阻性。成员国应当最晚在 2013 年 9 月 1 日向委员会通报这些条款并在后续修改这些条款时立即通报委员会。

### 第88章　保障条款

当成员国基于新证据并在有充分理由的情况下认为已授权的生物杀灭剂产品对人类健康特别是弱势群体或动物或对环境可能呈现出一系列即时或长久的风险时,那么其可以采取适当的临时措施。成员国应当立即通知委员会和其他成员国并给予其基于新证据的决议的理由。

委员会应当通过采取实施行为的方式,要么给予决议中临时措施一定的时间期限,要么要求成员国撤回临时措施的请求。实施行为应当根据第 82 章(3)的检查程序来进行。

### 第 89 章　过渡条款

1. 委员会应当继续指令 98/8/EC 第 16 章(2)中对所有现存活性物质系统检查的工作项目,并在 2014 年 5 月 14 日完成。为了那个目的,委员会应当根据第 83 章就以下方面采取授权行为:实施工作项目和相关权力的规格以及主管当局责任和项目参与者。

根据工作项目的进度,委员会应当根据第 83 章就工作项目时间的延长采取授权行为。

为了促进从指令 98/8/EC 到本法规的平滑过渡,在工作项目中,如果活性物质在某些条件下被批准,但这些条件已经不满足第 4 章(1)和第 5 章(2)的要求或被要求的信息和数据没有在规定的时间内提交,委员会应当采纳实施法规来说明活性物质是不被批准的。这些实施措施应当根据第 82 章(3)的检查程序被采纳执行。法规审批通过一个活性物质应当指出批准的日期。

2. 通过对本法规第 17 章(1),第 19 章(1)和第 20 章(1)的减损,在不违背本章第 1 段和第 3 段的情况下,成员国可以继续实施其现有的体系或使既存生物杀灭剂产品继续流通市场直到其中最后一个活性物质被批准后 2 年的行为。根据其国家的法规,成员国可以授权在其国家市场流通的生物杀灭剂产品,但仅仅是那些所含活性物质均为现存活性物质，即已经或正在委员会法规(EC) No 1451/2007 下 10 年项目中第二阶段进行评估的，但尚未就相关类别取得评估结果的。

通过对第 1 小段的减损，如果最终决定不予批准一个活性物质，那么该成员国可以继续实施其现有体系或使包含未获得批准活性物质的生物杀灭剂产品继续投放市场直到决议生效后开始 12 个月为止。

3. 如果最终决定就某种产品类别给予该活性物质的批准，那么成员国应当确保该产品类别下含有该活性物质的生物杀灭剂产品的授权，在活性物质批准 2 年的时间内被酌情给予、调整或取消。

那些希望申请授权或平行多国互认，而且生物杀灭剂产品中只包含现存活性物质的，应当向成员国主管当局提交授权或平行多国互认的申请，且不应该晚于活性物质的批准。如果生物杀灭剂产品包含多于一种的活性物质，授权的申请应当在不晚于最后一个活性物质被批准的日期前提交。

如果根据第 2 小段，没有授权或平行多国互认的申请被提出，那么：

(a)从活性物质被批准后 180 天起，该生物杀灭剂产品不应当继续在市场流通。

(b)既存生物杀灭剂产品的使用和丢弃可以继续到其包含的活性物质被批准开始后 365 天。

4. 如果一个成员国主管当局拒绝一份第 3 段中提交的活性物质授权申请或决定不给予授权，那么该生物杀灭剂产品不应该在该决定出台后 180 天以后再在市场上流通。对于既存的这种生物杀灭剂产品的使用和丢弃，可以在该决议出台后 365 天内继续进行。

## 第 90 章　指令 98/8/EC 下被评估的活性物质的过渡期条款

1. ECHA 应当对协调 2012 年 9 月 1 日之后提交的卷宗的评估过程负责，并且应当通过向成员国和委员会提供组织性的、技术性的支持来促进评估的进行。

2. 以指令 98/8/EC 为目的提交的申请，且 2013 年 9 月 1 日还未完成评估的，应当被主管当局根据本法规的相关条款和法规(EC) No 1451/2007 的相关条款进行评估。

评估应当以指令 98/8/EC 下提交的卷宗中的信息为基础进行。

当由于本法规相关条款的原因产生评估方面的担忧，但指令 98/8/EC 却没有这类条款的情况下，申请者应当被赋予提供额外信息的机会。

应当尽全力避免附加的脊椎动物实验和延迟重审项目进度的过渡条款。

ECHA 应当负责协调评估指令 98/8/EC 下提交的卷宗，如果该评估在 2013 年 9 月 1 日时还未完成，并且应当从 2014 年 1 月 1 日起通过为成员国和委员会提供组织性和技术支持来促进评估的准备。

**第 91 章　指令 98/8/EC 下被提交的生物杀灭剂产品授权申请的过渡期条款**

指令 98/8/EC 下提交的生物杀灭剂产品授权申请，如果 2013 年 9 月 1 日还未完成，应当根据该指令被成员国继续评估。

参照第 1 段，下列应当被实施：

当活性物质的风险评估显示其符合第 5 章(1)中的条款，那么该生物杀灭剂产品应当根据第 19 章被授权。

当活性物质的风险评估显示其符合第 10 章(1)中的条款，那么该生物杀灭剂产品应当根据第 23 章被授权。

当由于本法规相关条款的原因产生评估方面的担忧，但指令 98/8/EC 却没有这类条款的情况下，申请者应当被赋予提供额外信息的机会。

**第92 章　指令 98/8/EC 下获得授权或注册的生物杀灭剂产品的过渡期条款**

1. 在 2013 年 9 月 1 日之前获得指令 98/8/EC 第 3 章、第 4 章、第 15 章或第 17 章下的授权或注册生物杀灭剂产品可以继续在市场上流通和使用，但是需要符合授权或注册下的所有条件直到该授权或注册的失效或取消。

2. 本法规应当从 2013 年 9 月 1 日起施用于第 1 段中提到的生物杀灭剂产品。

**第 93 章　指令 98/8/EC 下未覆盖的生物杀灭剂产品的过渡期条款**

1. 在不违背第 89 章的情况下，没有被指令 98/8/EC 覆盖，而在本法规的管控范围，且在 2013 年 9 月 1 日已经存在于市场的生物杀灭剂产品的授权申请应当最晚在 2017 年 9 月 1 日提出。

2. 通过对第 17 章((1)的减损，第 1 段中的生物杀灭剂产品如果已经按照第 1 段的要求进行了授权申请，那么其可以继续在市场流通或使用直到其评估结果出台。如果评估结果拒绝给予该产品授权，那么生物杀灭剂产品在该结果出台后 180 天以后不得在市场流通。

通过对第 17 章(1)的减损，第 1 段中的生物杀灭剂产品如果未按照第 1 段的要求进行授权申请，那么其可以继续在市场流通或使用直到 2017 年 9 月 1 日后 180 天。

对于没有获得主管当局或委员会授权的既存生物杀灭剂产品的弃置或使用可以继

续，直到第1小段的结果出台后365天或第2小段的结果出台后12个月，以较晚者为准。

### 第94章 处理物品的过渡期条款

1.通过对第58章的减损，并不违背第89章的情况下，在2013年9月1日已经在市场上流通的处理物品，如果其中活性物质相关产品类别的批准申请在2016年9月1日之前已经被提交，那么该处理物品可以继续在市场流通，直到该处理物品包含或被处理的活性物质的评估结果出台。

2.如果该评估结果显示该活性物质未被批准，那么处理物品不应当在该结果出台后180天或2016年9月1日之后继续在市场流通，以较晚者为准，除非第1段中的申请已经被提交。

### 第95章 关于活性物质卷宗的过渡期条款

1.自2013年9月1日起，任何希望在欧盟市场投放活性物质本身或在生物杀灭剂产品中使用的人员应当为他们生产或进口的在生物杀灭剂产品中使用的每一个活性物质向ECHA提交申请：

(a)符合附件Ⅱ要求或指令98/8/EC附件ⅡA要求的卷宗。

(b)(a)的相关数据的授信。

(c)如果所有的数据保护期都失效，则需提供关于这类数据的引用。

如果相关人员并非欧盟境内的自然人或法人，那么包含这类活性物质的生物杀灭剂产品的进口商应当提交第1小段中的信息。

为了本章的目的以及法规(EC)No 1451/2007附件Ⅱ中现存活性物质，本法规第63章(3)应当施用于所有毒理学和生态毒理学研究，但除脊椎动物实验之外。

已经被授予活性物质卷宗授信的相关人员可以允许申请者为了第20章(1)的目的而申请含有该活性物质的生物杀灭剂产品授权时引用该授信。

通过对本法规第60章的减损，所有法规(EC) No 1451/2007附件Ⅱ中列出的物质/产品类别如果还未在本法规下获得批准，那么其数据保护期将在2025年12月31日失效。

2.委员会应当公布已按照第1段提交申请的或已根据第63章(3)为其采纳决议的人员清单。该清单应当包括参与第89章(1)第1小段的工作项目的人员名称或扮演申请者角色的人员名单。

3.在不违背第93章的情况下，从2015年9月1日起，如果生物杀灭剂产品中的活性物质的制造商或进口商没有进入第2段中的清单，那么其生物杀灭剂产品将不得继续在市场流通。

在不违背第52章和第89章的情况下，包含没有进入第2段中清单的供应商或进口商的活性物质的既存生物杀灭剂产品的弃置和使用可以继续到2016年9月1日。

4.本章不得施用于附件Ⅰ中类别1—5和7的活性物质，或含有这些活性物质的生物杀灭剂产品。

## 第96章　申诉

在不违背本法规第86章、第89章、第90章、第91章和第92章的情况下，指令98/8/EC将于2013年9月1日失效。

失效指令的参考文献应当被作为本法规参考文献的一部分，进入附件Ⅶ。

## 第97章　生效

本法规将于其在欧盟官方杂志上发布后20天生效。

本法规将于2013年9月1日实施。

本法规在欧盟有效范围内均具有约束力，应直接被所有成员国采用为本国法律。

斯特拉斯堡2012年5月22日

欧洲议会　主席　舒尔茨

欧洲理事会　主席　瓦门

（本法规的中文翻译由我单位委托的翻译公司提供，具体条款以英文版本为准。）